Naturwerkstatt Steine

Andrea Frommherz

Naturwerkstatt Steine

Kreatives Spielen und Gestalten mit Steinen

AT Verlag

Für meinen Sohn Yannick
und seine Freunde und Kameradinnen

© 2008
AT Verlag, Baden und München
Lithos: Vogt-Schild Druck, Derendingen
Druck und Bindearbeiten: Westermann Druck, Zwickau
Printed in Germany

ISBN 978-3-03800-294-9

www.at-verlag.ch

Inhaltsverzeichnis

Einführung

Steinernes Glück

Steine begeistern und faszinieren Kinder ebenso wie Erwachsene. Werden Menschen nach ihrem Lieblingsstein gefragt, haben fast alle eine Antwort. Meist kramen sie in ihren Erinnerungen oder knüpfen beim Erzählen an gegenwärtige Erlebnisse an. Wer hat nicht schon einmal Steine gesammelt – auf einer Wanderung in den Bergen oder beim Baden im Fluss? Wer hat nicht schon einen besonders geformten Stein aufgehoben und bewundert? Steine können uns an vergangene Ferientage oder an Erlebnisse in der Kindheit erinnern. Eines ist klar: Steine berühren Menschen.

In den Bergen, im Angesicht der eindrücklichen Felsmassen werde ich mir manchmal schlagartig der Unendlichkeit des Universums und gleichzeitig der Endlichkeit des Menschen bewusst. Unser Leben ist ein Wimpernschlag im Vergleich zum Alter der Berge. Ich kann mich an den Naturschauspielen nicht sattsehen. Gigantische Felsen stehen majestätisch über mir und beschützen mich im Talgrund. Tausende von im Sonnenlicht blinkenden, gestreiften, schwarzen oder farbigen Steinen zieren meinen Weg. Hier zischt aus einer Steinhöhle ein Wasserstrahl, da rumort es im lockeren Geröll einer Felswand, dort blinkt mitten im Sommer ein Fleck Schnee in einer Steinmulde.

Vor einiger Zeit erlebte ich mitten in der gigantischen Bergwelt an einem frühen Morgen – nur ein paar Bergdohlen umkreisen mich kreischend – ein ungeheuer überwältigendes Glücksgefühl: das Gefühl, ganz nahe der eigentlichen Heimat zu sein, um für einen Moment wenigstens mit ihr zu verschmelzen. Derartige Erlebnisse suchen Menschen immer wieder. Indem wir uns in der Natur bewegen, sie wahrnehmen und mit Haut und Haar spüren, können wir durch sie größere, kosmische Prinzipien erfahren.

Es ist erstaunlich, dass die meisten von uns vielerlei Tiere und Pflanzen kennen, die Steine uns jedoch unbekannt bleiben. Dabei sind gerade die Gesteine im eigentlichen Sinn die Grundlage unserer Welt und können Hinweise auf die Ursprünge geben. Steine sind nicht statisch, sondern sie sind in einen immerwährenden Kreislauf des Werdens und Veränderns eingebunden – nur sind die Zeiträume dieser Veränderung verglichen mit dem menschlichen Leben unendlich viel länger. Wer die Sprache der Steine kennt, kann manches in der Erdgeschichte besser verstehen. Es ist spannend, die Wechselwirkungen zu erkennen, die unseren Planeten über Jahrmillionen stetig verändern. Menschen sind nur ein ganz kleiner Teil dieses großartigen Systems. Ein bewusster und nachhaltiger Umgang mit diesen natürlichen Schätzen ist wichtig.

Wir begegnen Steinen täglich, jedoch häufig unbewusst. Sie begleiten uns in vielfältiger Form durch das Leben. Überall liegen kleinere Steine herum. In gebirgigen Regionen finden sich größere Gesteine als Felsbrocken oder als ganze Gebirgszüge. Häuser, Wege und Straßen sind aus Steinen gebaut. Als Schmuck und als Kunstgegenstände schmücken sie uns und unseren Lebensraum. Sie markieren Stationen im menschlichen Leben: Taufsteine sind mit der Geburt verbunden, als Grabsteine sind sie Zeichen für den Tod. Es gibt Steindenkmäler, die vor langer Zeit gebaut worden sind und noch heute die Besucher und Besucherinnen anziehen. Steine tauchen sogar in Märchen und Sprichwörtern auf, und mit Steinen lässt sich sehr gut spielen. Manche Menschen tragen auch stets einen Glücksstein bei sich.

Und dennoch wissen wir sehr wenig über die Steine ...

Steinwelten

Steine stecken voller Überraschungen und Geheimnisse. Sie sind immer wieder Anlass zu Spielen, Geschichten und vielfältigen Beschäftigungen für Kinder und Erwachsene. Sie regen zu kreativem Tun an, sie verlocken dazu, sie anzufassen und wecken Neugier. Durch die Beschäftigung mit Steinen ist es möglich, die Aufmerksamkeit auf die Formen und Farben der Natur zu lenken. Erlebnispädagogische Ansätze ermöglichen zahlreiche sinnliche Erfahrungen, und es bleibt viel Raum für eigene Fantasien. Wir lernen die Natur zu schätzen, statt achtlos an ihr vorbeizugehen. Was Steine zu sagen haben, kann hautnah erlebt werden: Steine können betrachtet, ertastet, erfahren und im spielerischen Handeln erlebt werden.

Dieses Buch eröffnet Wege, um Gesteine mit ihrer uralten Geschichte und ihrem unmittelbaren Bezug zu unserem Leben intensiver und neu kennenzulernen. Es möchte dazu anregen, im Alltag – sei es auf Wanderungen, im Garten oder am Straßenrand – Steine vermehrt zu beachten und ihre »Sprache« zu verstehen.

Für die Steinporträts ab Seite 25 wurden Steine ausgewählt, die besonders häufig vorkommen oder oft im Alltag der Menschen verwendet werden. Damit wird es auch dem Laien möglich, Gesteine zu erkennen und zu unterscheiden.

In fantasievollen Spielaktionen kann man die Steine näher kennen lernen. Gleichzeitig lässt sich auch ein Bezug zur eigenen Persönlichkeit herstellen; es werden Ressourcen ans Licht gebracht, vielfältige Fähigkeiten entwickelt und neue, unbekannte Erlebensräume erschlossen. Steine bilden das Werkzeug zur Entfaltung kreativer Kompetenzen, wie sie heute in der Schule, in der Familie oder im Berufsleben benötigt und ge-fordert werden. Damit werden spielerisch Möglichkeiten geschaffen, die zur Entwicklung von Ideen oder von ungewohnten Sicht- und Verhaltensweisen anregen.

Steine sind ein facettenreiches Arbeitsgebiet. Sie laden zum Entdecken und Erforschen ein. Dieses Praxisbuch bietet eine Fülle von Ideen und Hintergrundinformationen zur ganzen Breite der damit verbundenen Themen. Es richtet sich an Groß und Klein, Jung und Alt. Die Beschreibungen sind lediglich als Anregungen gedacht; Regeln, Maßangaben usw. können selbstverständlich dem Alter der Mitspielenden angepasst werden. Die Beschäftigung mit Steinen ist meist auch an keine Jahreszeit gebunden.

Erwachsene wie Kinder lassen sich im eigenen, einfallsreichen Tun verzaubern. Ich wünsche mir, dass wir mit Staunen die Welt der Gesteine erfahren und dabei unserem eigenen kreativen Potenzial auf die Spur kommen.

Steinige Zeitreise

Zwei ganz besondere Steine

Zwei Steine liegen auf meinem Fensterbrett, die mir ganz besonders ans Herz gewachsen sind.

Der eine Stein ist oval geformt und schwarz-weiß gesprenkelt. Was hat dieser Kiesel wohl alles erlebt, bis er hier seine vorläufige Ruhe fand?

Begonnen hat seine Geschichte vor vielen Jahrmillionen. Glutflüssige Gesteinsschmelze aus dem Erdinnern, nahe dem Erdfeuer, kühlte aus und erstarrte zu verfestigtem Gestein. Tief unten in der Erde hatte sich ein neuer Gesteinskomplex gebildet. Viel später wurde das Gestein durch Kräfte im Erdinnern bis an die Erdoberfläche gehoben; neue Bergketten entstanden. Durch Regen, Schnee und Wind wurden die neu entstandenen Berge allmählich abgetragen. Der kompakte Fels wurde zunehmend brüchiger. Immer wieder kugelten und donnerten Felsbrocken ins Tal und wurden mit den Flüssen weiter talabwärts transportiert. Durch die Reibung im Flussbett wurden sie kleiner und runder, bis sie schließlich als Kiesel auf einer Kiesbank angeschwemmt wurden.

Mit dem abgerundeten Kiesel und seinen Steingeschwistern legt mein Sohn gerne immer wieder neue Muster. Nach dem Spiel werden die Steine zurück auf das Fenstersims gelegt. Welche Geschichte erzählt der Stein in tausend Jahren wohl weiter?

Der andere Stein, der zu den Fundstücken auf meinem Fenstersims gehört, ist außen unförmig und von unauffälliger hellbrauner Farbe. Im Inneren jedoch liegt ein Hohlraum, der mit kleinen Kristallen gefüllt ist. Diese Entdeckung lässt das Herz höher schlagen. Wir behandeln den Stein als unseren ganz persönlichen Schatz. Was erzählt dieser Stein?

Begonnen hat seine Geschichte tief unten im Meer. Dort lagerten sich während vieler tausend Jahre kalkhaltiger Schlamm und Kalkschalen ab. Diese Schicht wurde immer dicker und mächtiger und verfestigte sich langsam zu einem harten Kalkstein. Im Zuge der Alpenfaltung wurde diese Gesteinsschicht gefaltet und über weite Distanzen zu hohen Bergen übereinandergeschoben. Innerhalb des Kalkgesteins kam es durch Witterungseinflüsse wiederum zu Lösungsprozessen. Es bildeten sich Hohlräume, in denen manchmal unter günstigen Bedingungen Kalkkristalle wuchsen. Heute wird noch im Jura Kalk abgebaut, und wer Glück hat, findet einen solchen Stein im Schutt eines Steinbruchs. Viele dieser Schätze bleiben dem Menschen jedoch verborgen.

Ganz gewöhnliche Steine haben eine ganz außergewöhnliche Vergangenheit. Als Teil der Erde haben sie schon sehr viel erlebt. Sie können Geschichten erzählen, die Millionen von Jahren umfassen, und Spannendes von ihren Reisen berichten – wir müssen nur genau hinhören.

Zeugen der Erdgeschichte

Gesteine sind so alt wie die Erde und enthalten die seit 4,5 Milliarden Jahren in Stein überlieferte Erdgeschichte in komprimierter Form. Sie sind sozusagen das Archiv der Erde. Obwohl wir in unserem Alltag Steine häufig kaum wahrnehmen, ist die erdgeschichtliche Vergangenheit durch die Vielfalt der Gesteine noch sehr präsent.

Gesteine sind ein wesentlicher Teil der Erdkugel. Sie sind Erde, und Erde ist Leben. Sie formen unseren Lebensraum, sie ermöglichen das Leben von Pflanzen, Tieren und Menschen.

Die Erde, einer der acht Planeten, die um die Sonne kreisen, ist aus verschiedenen Schalen aufgebaut. Der innerste Erdkern, der durch einen sehr hohen Druck verfestigt wurde, besteht aus Eisen und Nickel. Man schätzt, dass es dort mehrere tausend Grad Celsius heiß ist. Der Erdkern ist von einer glutheißen, flüssigen Schicht, dem Erdmantel, umgeben. Die äußerste, dünnste Schicht, die aus kaltem, erhärtetem Gestein besteht, ist die Erdkruste. Die 5 bis 30 Kilometer dicke, harte Erdkruste, auf der wir leben, ist also wie eine steinerne Verpackung der Erdkugel. Die Erdkruste und der darunter liegende Mantel bilden die kontinentalen und ozeanischen Gesteinsplatten und halten den gewaltigen Ball aus glühendheißem Magma zusammen.

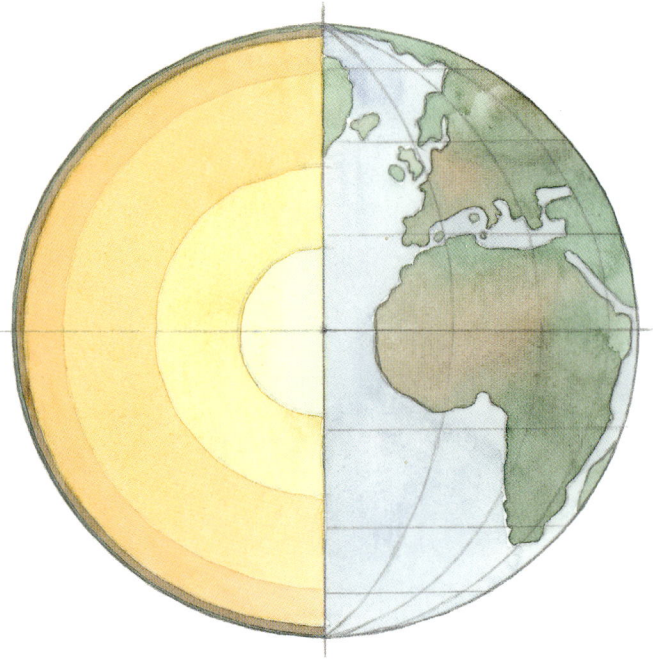

Der endlose Kreislauf von Entstehung und Zerfall

Auch Steine halten nicht ewig. Sie sind nicht so dauerhaft, wie es scheint. Der Kreislauf der Bildung und des Zerfallens der Gesteine hat weder Anfang noch Ende. Er läuft seit Millionen von Jahren immer wieder neu ab.

Obwohl Steine und Gebirge eine sehr lange Entstehungsgeschichte haben und Jahrmillionen alt sein können, verändert sich die Erdoberfläche und damit die Gesteine im Verlauf der Jahrtausende ständig. Gebirge, Ebenen und Meere sind im Laufe der Erdgeschichte entstanden und auch wieder verschwunden. Die Gestalt der heutigen Erdoberfläche ist nur ein momentaner Zustand.

Einerseits wirken aufbauende Kräfte aus dem Erdinnern. In sehr langen Zeiträumen bewegen sich die Platten der Kontinente und der Ozeane gegeneinander zu und voneinander weg und schieben sich unter- und übereinander. Zeugen der Bewegungen sind Erdbeben und Vulkanausbrüche. Bei diesen andauernden Bewegungen

Die Erdoberfläche besteht aus unterschiedlichen Gesteinsschichten. Im Verlauf der Jahrtausende verändert sie sich ständig.

Sich mit den Naturelementen den Ursprüngen nahe fühlen.

Wilde, urchige
Steinwelten lassen
uns innehalten.

Gesteine sind in äußerst vielfältiger Form auf der Erde erlebbar.

werden Gesteinsschichten »verschluckt« und neue an die Erdoberfläche gehoben. Die Kräfte, die sie bewegen, sind sehr langsam und liegen bei wenigen Millimetern bis Zentimetern pro Jahr. Durch diese Prozesse entstehen schließlich neue Landschaften mit Erhebungen, Hügeln und Bergen.

Die entgegengesetzte Wirkung haben abbauende Kräfte, die das Gestein der Erdkruste zerstören und umlagern. Im Laufe der Zeit verwittern Gesteine infolge des Einflusses von Wasser, Wind, Eis sowie den täglichen und jahreszeitlichen Temperaturunterschieden. Sie zerbröckeln, zerspringen (physikalische Erosion) und zersetzen sich (chemische Erosion). Fließendes Wasser, besonders intensiv nach Gewittern, bewegt die Gesteine in kurzer Zeit über weite Strecken. Dank der großen Kraft des Wassers bildeten sich so tiefe Täler und Schluchten. Auch mächtige Gletscher transportierten einst gewaltige Gesteinsmengen über weite Strecken. Dabei wurde Gestein geschliffen, zerkleinert und geritzt. Nach dem Abschmelzen des Eises blieben die Steine als Geschiebe (Moränen) liegen.

In Flüssen, Seen und Meeren lagern sich die erodierten Gesteinsteilchen als Sedimente ab, werden von neuen Ablagerungen überdeckt und verfestigt. Je tiefer die Gesteine sinken, desto mehr erhöht sich der Druck und die Temperatur. In sehr tiefen Schichten kann dies zur Umwandlung von Mineralien führen oder gar zur kompletten Aufschmelzung (Magmabildung) der Gesteine. Diese neuen Gesteine gelangen schließlich durch Gebirgsbildungen wieder an die Erdoberfläche. Dort verwittern sie erneut und der Kreislauf beginnt von neuem.

Wie alle Kontinente hat auch Europa eine lange wechselvolle Geschichte hinter sich. Eine ganze Reihe von Gebirgsbildungen sind im Laufe von Millionen von Jahren entstanden. Weite Teile des heutigen Kontinents waren von Meeren bedeckt. Vor über 70 Millionen Jahren setzte die alpine Gebirgsbildung ein, die noch heute die Oberflächenformen Europas stark prägt. Tausende von Metern mächtige Sedimentdecken wurden gequetscht, gefaltet, zu großräumigen Decken übereinander geschoben. Auch Teile älterer Gebirge wurden in die neu entstehenden Gebirge eingebaut, sei es als ganze Krustenstücke oder in Form von Ablagerungen.

Vielfalt der Steine

Die Erscheinungsformen der Gesteine sind äußerst vielfältig. Nach ihrer Größe werden sie als Felsen, Steinblock, Stein, Kiesel oder Sand bezeichnet. Das feinkörnige Sandkorn kann weniger als ein Millimeter groß sein, ein Granitblock kann mehrere Kubikmeter umfassen. Gesteine sind meistens hart, manchmal als Ton aber auch feucht und geschmeidig. Die Gesteine kommen an verschiedensten Orten vor: Strand, Flussbett, Kiesgrube, Berg oder sogar ein Kiesweg sind wahre Schatzkisten für Steinsammlerinnen und Steinsammler.

Viele Gesteine sind Millionen, manche nur Tausende von Jahren alt. Im »jüngsten« Gebirge kann heute uraltes Gestein früherer Gebirgsbildungen nachgewiesen werden. Gesteine aller Erdzeitalter können nebeneinander gefunden werden. Einige Gesteine sind einst Tausende Kilometer weit transportiert worden, andere stammen aus dem unmittelbaren Untergrund des Fundorts.

Auch in der Gegenwart entstehen noch Gesteine. Steine erzählen von der Vergangenheit, sind wichtiger Teil unserer Gegenwart und werden unsere Zukunft wesentlich mitbestimmen.

Unbekannte Steine

Mineralien als Bausteine

Manchmal scheinen die Gesteine am Wegrand oder im Bachbett alle fast gleich auszusehen. In Wirklichkeit unterscheiden sich Steine meist sehr deutlich voneinander. Zur Unterscheidung gibt es verschiedene Merkmale.

Alle Gesteine sind aus Einzelteilen aufgebaut; diese werden Mineralien genannt. Die Mineralien selbst bestehen wiederum aus einzelnen Elementen, zum Beispiel Eisen oder Gold. Ein Gestein besteht aus einem oder mehreren Mineralien. Einige der sogenannten gesteinsbildenden Mineralien kommen sehr häufig vor, wie beispielsweise Feldspat, Quarz, Glimmer und Kalzit, andere sind sehr selten. In den verschiedensten Kombinationen und Anordnungen bilden sie die ganze Vielfalt der Gesteine. Ganz wenige Gesteine bestehen aus nur einem Mineral. Die Wissenschaft der Erde kennt heute mehr als 2500 Mineralien, und jedes Jahr werden neue entdeckt.

0,025 Millimetern dünnes Gestein unter dem Mikroskop betrachtet.

Die Mineralien sind im Stein fest zusammengepresst. Beim genauen Betrachten eines Steins kann man die kleinen Teile, aus denen er zusammengesetzt ist, erkennen. Ein Blick durch das Vergrößerungsglas oder das Mikroskop zeigt wahre Kunstwerke.

Neben der mineralogischen Zusammensetzung ist für die Bestimmung eines Gesteins auch seine Struktur, sein Gefüge, wichtig. Dabei sind vor allem Gestalt, Größe und Anordnung der einzelnen Körner ausschlaggebend.

Steine können erzählen

Steine sind nicht stumm, sie erzählen mancherlei über die Erde und ihre Geschichte. In einem Felsen hoch im Gebirge steckt eine Muschel. Wie kam sie hierher? Ein vulkanisches Gestein liegt am Flussufer im Flachland. Wie gelangte es dahin? Diese und ähnliche Fragen beantwortet die Geologie, die Lehre von der Erde. Geologinnen und Geologen erforschen die Informationen, die die Gesteine über die Vergangenheit speichern. Damit können Prozesse entschlüsselt werden, die zur Entstehung und Entwicklung der Erde in längst vergangenen Zeiten führten. Mit diesem Wissen können Aussagen über wahrscheinliche Veränderungen der Erde gemacht werden, die für die Zukunft wichtig sind.

Die drei Hauptarten der Entstehung

Gesteine haben auch unterschiedliche Entstehungsgeschichten. Alle aber entstanden unter Druck, Hitze und Abkühlung. Über Jahrmillionen kann sich jede Gesteinsart langsam auch zu einer anderen verändern.

Gesteine teilt man nach ihrer Entstehung in drei Hauptgruppen ein:

Erstarrungsgesteine (Magmatite)

Als Erstarrungsgesteine werden Steine bezeichnet, die sich unmittelbar aus dem glutflüssigen Magma verfestigt haben.

Bei diesen Gesteinsarten gibt es zwei Formen:

Wenn das Magma noch unter der Erdoberfläche (immer noch in großer Tiefe) auskühlt und erstarrt, wird es Tiefengestein genannt.

Verschieben sich die Erdplatten, können Risse oder Spalten in der Erdkruste entstehen. Wo die glühende Masse aus dem Erdinnern austreten kann, steigt sie auf. Ein Vulkan entsteht oder ein bereits bestehender Vulkan speit Lava. Wenn das Magma erst an der Oberfläche erstarrt, wird es zum Vulkanstein.

Bei einem Vulkanausbruch entweichen große Gasmengen aus dem Vulkanschlot. Sie reißen den Schaum der Lava mit in die Luft. Dieser Schaum erkaltet und fällt als Bimsstein zur Erde. Durch die vielen Gasblasen ist er sehr porös, leicht und schwimmt sogar.

Tiefengestein (Plutonite)
– Granit (Seite 25)
– Gabbro

Ergussgestein (Vulkanite)
– Basalt (Seite 26)
– Obsidian
– Bimsstein

Ablagerungsgesteine (Sedimente)

Wenn im Laufe der Zeit auf der Erdoberfläche Steine durch Verwitterungsprozesse (Sonne, Wind, Niederschlag, Säuren und Mikroorganismen) aufgelöst oder zerkleinert werden, entstehen dabei Sand und Schlamm, die von Flüssen weggespült werden. Das Material lagert sich Schicht für Schicht übereinander ab. Aus diesen zunächst lockeren Ablagerungen im Meer oder auf dem Land werden in Millionen von Jahren immer dickere Schichten. Mit zunehmender Überlagerung durch jüngere Schichten und durch chemische Veränderungen verfestigen sich die Sedimente.

Werden diese Gesteine später bei einer Gebirgsbildung angehoben, schließt sich der Kreislauf wieder. Bei den Ablagerungsgesteinen ist auch jede Mischung von Sandstein, Kalkstein und Tonstein möglich.

Auch Kohle ist ein Sedimentgestein. Kohle entsteht beispielsweise unter hohem Druck aus verdichteten Resten von Pflanzen.

Trümmergestein
– Sandstein (Seite 32)
– Tonstein (Seite 33)
– Konglomerat (gerundete Gesteinskörner verkittet zu Feststein)

Eindampfungsgestein (chemische Sedimente)
– Kochsalz
– Gips

Absatzgestein
– Kalkgestein (Seite 30)
– Feuerstein (Seite 34)
– Travertin

Umwandlungsgesteine (Metamorphite)

Bei Erdverschiebungen werden Erstarrungs- oder Ablagerungsgesteine durch hohen Druck und hohe Temperaturen umgewandelt. Die Gesteine werden dabei zusammengepresst oder gefaltet, was zur Umwandlung (daher der aus dem Griechischen stammende Name »Metamorphite«) und Entstehung neuer Mineralien und Steine führt.

So verwandeln sich Gesteine im Lauf von Jahrmillionen: Aus Kalkstein wird Marmor, aus Tonstein wird Schiefer, aus Granit wird Gneis, aus Sandstein wird Quarzit. Je nachdem, was mit ihr geschieht, kann sich im Laufe der Zeit jede Gesteinsart zu einer anderen verwandeln.

Orthogestein (umgewandelte Erstarrungsgesteine)
– (Ton-)Schiefer (Seite 37)
– Serpentin

Paragestein (umgewandelte Sedimente)
– Marmor (Seite 38)
– Quarzit

Ortho- und Paragestein
– Gneis (Seite 36)

Steine haben eine Persönlichkeit

Auch wenn in Steinen kein Herz schlägt und sie auf uns statisch und unbelebt wirken, sind sie auf ihre besondere Weise lebendig. Wie alles Existierende stehen sie mit ihrer Umgebung über Schwingungen in unmittelbarem Austausch. Sie haben ein unendlich viel längeres Leben als der Mensch. Sie werden geboren aus Glut und verwandeln sich in Staub. Steine sind Symbole für Langlebigkeit, Belastbarkeit, Hartnäckigkeit und Wandelbarkeit.

Jeder Stein hat seine Individualität. Er hat seine eigene Maserung und Form. Der eine hat eine einzige Farbe, ein anderer wiederum eine Vielfalt an Farbvarianten. Wer auf Persönlichkeit Wert legt, findet immer einen ihm entsprechenden Stein.

Stein ist lebendig. Stein spricht mit uns.
Stein ist faszinierend und schön. Stein ist hart, dauerhaft,
flößt Ehrfurcht ein.
Stein ist wertvoll und nützlich. Stein ist gefährlich.
Stein trotzt der Zeit und schließt Geheimnisse ein.
Stein verwittert und verändert sich.
Stein ist unentbehrlich und unerschöpflich …

Durch die Betrachtung unterschiedlicher Merkmale werden Steine intensiver wahrgenommen: weiß und schwarz, klein und groß, rund und eckig.

Steinporträts

Granit

Wortherkunft: *Granum* ist lateinisch und bedeutet
»Korn«. Das italienische Wort *granito* bedeutet ebenfalls
»gekörnt«.

Beschreibung/Eigenart: Granit gehört zu den häufigsten und widerstandsfähigsten Gesteinen in der Erdkruste.
Granit ist ein grobkristallines Tiefengestein von meist
heller Farbe. Es ist gesprenkelt, und von bloßem Auge
können darin drei verschiedene Mineralien festgestellt
werden: Quarz (graue Flächen), Feldspat (weiß und rosa)
und Glimmer (schwarz). Ein Merkspruch heißt: »Quarz,
Feldspat und Glimmer, das vergess ich nimmer.«

Entstehung: Granit entsteht in der Erdkruste. Tief
im Innern der Erde herrschen hohe Temperaturen,
dort schmelzen die festen Gesteine. Das geschmolzene
Gestein nennt man Magma. Wenn Magma in höhere
Bereiche der Erdkruste aufsteigt, kühlt es aus und erstarrt
langsam, das heißt, es kristallisieren verschiedene Mineralien aus der Schmelze aus. Dieser Prozess der Er-
starrung dauert oft Jahrmillionen. Granit wird deshalb
auch als Erstarrungsgestein oder magmatisches Gestein
bezeichnet. Granit kommt häufig dort vor, wo es zu
Gebirgsbildungen gekommen ist, wie zum Beispiel in
den Alpen (Beispiel Aaregranit, Gotthardgranit).

Verwendung: Granit wird weltweit in vielen Steinbrüchen gewonnen. Er wird sowohl wegen seiner Härte
und Wetterfestigkeit, seiner guten Schleifbarkeit als auch
aufgrund seiner Farb- und Strukturvielfalt als belastbares
und zugleich dekoratives Baumaterial verwendet: im

Granit

Straßenbau als Pflasterstein oder Bordstein, im Bahnbau als Schotter, im Hochbau als Außenwandverkleidung oder Bodenbelag, im Innenausbau als Wandverkleidung, Küchenabdeckung, Treppenbelag, Tischplatte, im Gartenbau als Rabattenstein und für Brunnen.

Besonderheiten: Granite enthalten oft Erzminerale, die zu einer raschen Verfärbung führen können. Durch die Verwitterung des Feldspats entstehen Tonmineralien, die dem Granit eine gelbliche Farbe geben. Je nach Granitsorte dauert es bis zu dieser Gelbfärbung vier Wochen bis zu 30 000 Jahre.

Basalt

Wortherkunft: Es wird vermutet, dass der Name vom altägyptischen *basalten* oder *basanites* stammt, was »harter Probierstein« bedeutet. Nach einer anderen Deutung stammt der Name von einer Landschaft Syriens her.

Beschreibung/Eigenart: Basalt ist ein vulkanisches Gestein, das aus den Mineralien Feldspat, Quarz, Eisen und Magnesium besteht. Je nach Art der Entstehung kann Basalt körnig und blasig oder hart und dicht sein. Seine Farbe ist grau bis schwarz, manchmal mit einem leicht blauen Einschlag. Es kommen auch rötliche und bräunliche Farbtönungen vor.

Entstehung: Bei einem Vulkanausbruch steigt basisches (kieselsäurearmes) Magma aus dem Erdinnern an die Oberfläche. Die dünnflüssige Lava fließt anschließend die steilen Hänge des Vulkans hinab und kühlt dabei schnell aus. So entsteht ein zusammenhängender Basaltteppich. Kühlt die Lava weniger schnell aus, entstehen mehreckige

Basalt

meterlange Basaltsäulen. Infolge der raschen Abkühlung haben die Minerale meist nicht genug Zeit, um große Kristalle zu bilden (im Gegensatz zum Granit).

Verwendung: Basalt wurde lange Zeit als Baustein verwendet, obwohl er recht schwer zu bearbeiten ist. Heute dient er aufgrund seiner Druckfestigkeit hauptsächlich noch als Schotter im Straßen- und Gleisbau. In der Nähe von Vulkanen finden sich immer noch Dörfer, die aus dunklem basaltischem Gestein gebaut wurden.

Besonderheiten: Basaltgesteine finden sich auch auf anderen Himmelskörpern wie Merkur, Venus oder Mars. Meteoriten, die auf der Erde gefunden werden, weisen häufig die gleiche Zusammensetzung auf wie der Basalt. Dank diesen Himmelsgesteinen können Rückschlüsse auf die Entstehung des Sonnensystems gezogen werden.

Rosenquarz

Wortherkunft: Mit seinem Namen beschreibt der Rosenquarz seine mineralische Zusammensetzung und seine Farbe.

Beschreibung/Eigenart: Rosenquarz ist eine Varietät des Minerals Quarz. Er besitzt eine rosarote Färbung, ist milchig-trüb bis durchscheinend rosa.

Entstehung: Rosenquarz findet man meist in Quarzgängen. Sind diese Klüfte groß genug und die Bedingungen ideal, können sich große Kristalle bilden.

Verwendung: Seit der Antike wird der Rosenquarz, auch »Rosenstein«, »Liebesstein« oder »Herzstein« genannt, als Stein der Liebe und des Herzens verehrt. Die Griechen

Rosenquarz

und die Römer glaubten, dass die Götter der Liebe den Rosenquarz einst auf die Erde brachten. Bis heute wird der Rosenquarz weiterhin für seine Schönheit und Heilkraft geschätzt. Mit dem Stein und seiner Farbe werden Jugendlichkeit und Unbefangenheit verbunden. Er stärkt das Herz und fördert romantische Gefühle. Er versöhnt, beruhigt, tröstet, fördert Freude und Glück und weicht Verhärtungen auf, auch Liebeskummer soll er lindern. Rosenquarz stärkt den Sinn für Harmonie und alles Schöne und hilft, zwischen widerstrebenden Kräften einen Ausgleich zu finden. Mit seiner Unterstützung können gut Projekte angepackt werden. Er hilft dem Menschen, seine eigenen Bedürfnisse zu entdecken und seine Talente zu entfalten, er belebt die schöpferische Kraft und Fantasie.

Bis heute werden aus Rosenquarz Kunstgegenstände, beispielsweise chinesische Buddhafiguren, und Schmuckstücke gefertigt.

Besonderheiten: Rosenquarz wird zur Abwehr von Elektrosmog, Erd- und Wasserstrahlen eingesetzt. Ein Rosenquarz am Computerarbeitsplatz soll vor Augenermüdung und Kopfschmerzen schützen.

Edelsteine

Diese »edlen Steine« fallen durch ihre besondere Schönheit, ihre intensive Farbe und ihren Glanz und durch ihre Seltenheit auf. Sie sind meistens besonders hart und ausgesprochen widerstandsfähig. Weil sie selten sind, sind sie auch besonders wertvoll. Die rohen, unbearbeiteten Edelsteine sind meistens noch stumpf und unscheinbar. Erst wenn sie geschliffen und poliert sind, beginnen sie zu funkeln. Neben der Verwendung als Schmucksteine, dienen Edelsteine technischen Zwecken. Sie werden

Bergkristall

Wortherkunft: Der Name stammt vom griechischen Wort *krystallos* ab, was »gefrorenes Eis« bedeutet. Die Griechen hielten die Bergkristalle für versteinertes Eis, diese Annahme hielt sich bis ins 17. Jahrhundert.

Beschreibung/Eigenart: Unter Bergkristall versteht man landläufig transparente Quarzkristalle, die in Klüften gebildet wurden. Es handelt sich dabei um speziell schön ausgeprägte Formen des Minerals Quarz. Quarz ist in seiner Reinform farblos und durchsichtig und härter als Glas.

Quarz findet man zum Beispiel in den Sandkörnern des Wüstensands oder in Granitgesteinen. Hat nun aber ein Quarzkristall genügend Platz und die entsprechenden Bedingungen zu seiner Bildung, können über sehr lange Zeiträume schön geformte Kristalle entstehen. In der Natur findet man die Kristalle meistens unrein, von Erde und Ähnlichem bedeckt, vor. Erst nach einer gründlichen Reinigung strahlen sie hell und klar.

Bergkristalle können sehr groß und mehrere Tonnen schwer werden, ihre Formenvielfalt ist fast unbegrenzt.

beispielsweise in Bohrern oder Gesteinssägen benützt. Seit Urzeiten gelten sie auch als Heilmittel und Glücksbringer.
Obwohl die Wissenschaft die positive Wirkung von Steinen heute noch nicht anerkennt, ist es für viele Menschen unbestritten, dass Steine Wirkungen zeigen und heilend wirken können. Wer Steine mit sich trägt, sei es als Handschmeichler in der Hosentasche oder als Schmuck, profitiert von ihrer positiven Energie und Stärke. Steine können beispielsweise Verhärtungen auflösen und Stockendes wieder in Fluss bringen.

Bergkristall

Die Kristalle bestehen häufig aus einer Kombination von einem Prisma und zwei Rhomben. Es kommen aber auch Pyramidenformen vor. Der größte je gefundene Bergkristall war mehr als 5 Meter hoch.

Entstehung: Die Entstehung von Bergkristallen ist ein sehr langsam ablaufender Vorgang, bei dem zuerst eine heiße Quarzlösung in Rissen im Gebirge, sogenannten Zerrklüften, zirkuliert. Ist die Lösung übersättigt (das heißt, sind darin mehr Stoffe gelöst, als der eigentliche Gleichgewichtszustand erlaubt), oder ändern sich die Druck- und Temperaturbedingungen in der Kluft, so kristallisieren langsam schöne Quarzkristalle aus.

Verwendung: Vom Mittelalter an wurden im Alpenraum im großen Stil Bergkristalle ausgebeutet und in ganz Europa verkauft. Viele Altarkreuze und Krönungsbecher bestehen zum Teil aus alpinem Bergkristall.

Wissenschaftlich anerkannt ist, dass Quarz (das Ausgangsmineral des Bergkristalls) Energie verstärken, speichern und übertragen kann. Diese Eigenschaften werden in der Technologie genutzt, wo Quarz beispielsweise zur Herstellung von optischen Präzisionsgläsern, für Audio-/Videogeräte und zur exakten Regelung von Uhrwerken dient.

Aufgrund der Durchsichtigkeit und des starken Glanzes wird der Bergkristall oft als Ersatz für teurere Steine verwendet. Bis in die Neuzeit war es nicht möglich, Glas in der Qualität von Bergkristall herzustellen.

Schon in früheren Zeiten war der Bergkristall als Heil- und Edelstein bekannt. Als »weißes Licht« soll Bergkristall durch seinen elektromagnetischen Einfluss auch das menschliche Energiesystem harmonisieren und ausbalancieren. Er kann Licht in Angelegenheiten bringen, bei Verwirrung klärend wirken und Selbsterkenntnis bringen; auch zeigt er aufgrund seiner Klarheit

die Wahl des richtigen Zeitpunkts. Ein Bergkristall soll als Glücksbringer in einem Beutel Energie spenden und Kraft geben.

Besonderheiten: Strahler suchen die Bergkristalle oft in sehr unwegsamem Gelände und bieten ihre Funde dann Sammlern oder Museen an. Viele Fundorte wurden rücksichtslos ausgebeutet, so dass heute das Strahlen meist einer Bewilligung bedarf und Fachleuten vorbehalten ist.

Aus Bergkristall wurden früher Kristallkugeln zum Wahrsagen hergestellt. Bereits im alten Rom war dieses Gestein sehr geschätzt, und man trank den Wein vorzugsweise aus Bergkristallbechern.

In alten Legenden ist die Rede von leuchtenden Kristallpalästen, die sich im Inneren der Berge befinden. Sie sollen mit durchsichtigem, glänzendem Stein ausgekleidet gewesen sein. Zutritt durch dunkle Höhleneingänge hatten nur geheimnisvolle Wesen wie Erdleute, Zwerge, Gnome und Kobolde. Sie besaßen denn auch »lichte« Steine, die ihnen neue Lebenskraft und Gesundheit schenkten.

Kalkstein

Wortherkunft: Kalkstein besteht vorwiegend aus Calcit (ein häufig vorkommendes Mineral, auch Kalziumkarbonat genannt). Der Name Calcit leitet sich vom griechischen *chal* beziehungsweise lateinischen *calx* ab.

Beschreibung/Eigenart: Kalkstein tritt in großer Vielfalt, von fein- bis grobkörnig auf. In reiner Form ist er weiß bis gelblich, kann aber auch hell- bis dunkelgrau, grünlich-bräunlich, rötlich bis bläulich sein. Ein Kalkstein mit hohem Tonanteil ist dunkelgrau bis schwarz und wird als Mergel bezeichnet.

Kalkstein

Entstehung: Kalkstein ist ein Ablagerungs- oder Sedimentgestein. Kalk lagert sich im Meer ab. Bruchstücke von abgestorbenen Korallen, Mikroorganismen, Schnecken, Muscheln oder Schwämmen sinken ebenfalls auf den Meeresboden. Daraus entsteht ein Kalkschlamm. Durch Verdichtung wird aus den Ablagerungen, den Sedimenten, unter dem Einfluss von Druck (Überlagerung) und Temperatur ein festes Gestein. Bei diesem Millionen von Jahren dauernden Prozess bilden sich auch neue Mineralien, die die Hohlräume zwischen den Bruchstücken mit sekundären Calcitkristallen füllen (»zementieren«). Durch Hebungen (z.B. Alpenfaltung) oder horizontale Verschiebungen kommt das Gestein wieder an die Erdoberfläche.

Während der Sedimentationsphase können Kalke verschiedener Zusammensetzung abgelagert werden. Diese Variationen erkennt man später an den Schichten des Kalksteins, die sich farblich oder auch in der mineralogischen Zusammensetzung voneinander unterscheiden. In vielen Kalksteinen treten Fossilien (Versteinerungen) auf.

In Mitteleuropa gibt es viele verschiedene Kalksteinvorkommen. Es gibt ganze Gebirgszüge, wie den Jura oder die Kalkalpen, die hauptsächlich aus diesem Gestein bestehen.

Verwendung: Kalkstein ist ein wichtiger Rohstoff für die Bauindustrie. Er findet auch Verwendung für Bodenbeläge und Wandverkleidungen, dient als Pflaster- und Mauersteine und zur Herstellung von Zement. Kalkstein wird auch als Ausgangsstoff zur Herstellung von Düngemitteln gebraucht.

Zeugen vergangenen Lebens

Versteinerungen sind Zeugen längst vergangener Zeiten. Sie wecken die Neugier auf die Entstehungsprozesse unserer Erde. Steine, in denen eine Pflanze oder ein Lebewesen einer vergangenen Zeit eingeschlossen wurde, faszinieren.

Aus einer Muschel oder einer Schnecke wurde im Laufe von Jahrtausenden eine Versteinerung. Wie kam es dazu? Abgestorbener Schlamm, Pflanzenreste, Sand und Steine lagerten sich Schicht für Schicht in großen Mengen immer wieder auf dem Meeresboden oder am Seegrund ab. Tote Tiere und Pflanzen wurden mit eingebettet. Nach Tausenden von Jahren wurde aus den Schlamm- und Sandschichten festes Gestein. Die darin enthaltenen Pflanzen- und Tierreste wurden konserviert oder durch neugebildete Mineralien ersetzt.

Am häufigsten findet man die harten Teile eines Tieres wie Knochen, Zähne oder Schalen. Versteinerungen werden vor allem in Kalk- oder Tonsteinen gefunden.

Diese sogenannten Fossilien (lat. *fossilis*, »[aus]gegraben«) stellen erdgeschichtliche Zeugnisse vergangenen Lebens dar. Die Versteinerungen geben den Geologinnen und Geologen wichtige Hinweise über die Bedingungen zur Zeit der Ablagerung der Gesteine. Fossilien einfach gebauter Lebewesen sind in älteren Gesteinsschichten enthalten. Reste höher entwickelter Lebewesen findet man in jüngeren Schichten. Somit kann auch bestimmt werden, aus welcher geologischen Zeiteinheit eine Gesteinsschicht stammt.

Tipp: Abdrücke und »Versteinerungen« können aus einem Sand-Gips-Zement-Gemisch auch selbst hergestellt werden.

Besonderheiten: Regenwasser greift den Kalk an der Erdoberfläche chemisch an. Durch diese Verwitterung entstehen reizvolle, bizarre Kalk-, sogenannte Karstlandschaften, die an der Oberfläche zerfurcht sind und unterirdisch Höhlen bilden.

In Kalkgesteinsregionen findet man in vielen Höhlen Tropfsteine. Tropfsteine wachsen sehr langsam. In den Höhlen zirkulierendes Wasser löst den Kalk und ist deshalb sehr kalkhaltig. Trifft es auf einen Hohlraum, bilden sich Tropfen, und Calcit fällt aus. Langsam aber stetig entstehen von der Decke herabhängende Stalaktiten. Durch herabtropfendes Wasser wächst vom Boden ein weiterer Tropfstein in die Höhe und bildet einen Stalagmiten. Sehr selten wachsen Stalagmiten und Stalaktiten auch zu einer Säule zusammen.

Sandstein

Wortherkunft: Zu Stein gewordener Sand.

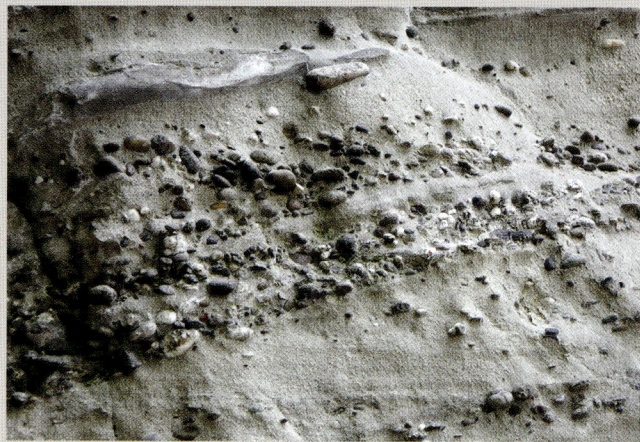

Beschreibung/Eigenart: Sandstein besteht überwiegend aus Quarzkörnern, die zu festem Stein gepresst wurden. Die sandige Oberfläche kann man gut fühlen und auch sehen. Die Farbe von Sandstein kann variieren. Er kann grau, braun, rot, weiß oder auch grünlich sein. Sandstein ist meist frostbeständig. Er lässt sich nicht polieren.

Entstehung: Sandstein gehört zu den Ablagerungsgesteinen, den Sedimentgesteinen. Sand wurde und wird noch immer im Meer oder in Flüssen abgelagert. Durch den Druck jüngerer, darüber liegender Ablagerungen und die natürlichen Bindemittel Ton, Kalk oder Kieselsäure wird der Sand verfestigt. Dieser Prozess kann unterschiedlich lange dauern: zwischen wenigen Jahr-

Sandstein

zehnten und mehreren Millionen Jahren. Im Sandstein sind Einlagerungen organischer Bestandteile wie Kohleadern oder fossile Abdrücke von Tieren und Pflanzen möglich, aber im Vergleich zu den Tonsteinen oder Kalken sind solche Funde eher selten.

Bei den Ablagerungsgesteinen ist jede Mischung möglich: Sandiger Kalkstein enthält beispielsweise mehr Kalk als Sand; kalkiger Sandstein enthält mehr Sand als Kalk.

Verwendung: Sandstein ist seit dem Altertum ein verbreitetes und vielseitig verwendetes Baumaterial. Als Baustoff eignen sich die eher härteren Sandsteine für Bodenbeläge und Treppenstufen, die weicheren Steine wurden für Skulpturen, aber auch für Bauwerke wie Häuser und Kirchen verwendet. In der Zeit des Barocks wurden viele Bauten wie Dome, Burgen und Schlösser aus Sandstein gebaut.

Heute setzt die Luftverschmutzung dem Sandstein ganz besonders zu. Unter dem Einfluss von Schwefel und Kohleverbindungen der Luft wird der Kalk, der die Quarzkörner verbindet, angegriffen. Sandsteinoberflächen werden mürbe und müssen aufwendig restauriert werden.

Besonderheiten: In Gebieten mit Sandstein wurden durch die Erosion, durch Wind und Wasser während Jahrtausenden faszinierende Felsformationen geschaffen. Wir finden tiefe Schluchten, hohe Sandsteintürme und andere bizarre Formen.

Tonstein

Wortherkunft: Ton stammt von frühneuhochdeutsch *tahen. Than* bedeutet »austrocknen, dicht werden«.

Beschreibung/Eigenart: Wie Kalk- und Sandstein ist auch der Tonstein ein Ablagerungsgestein (Sedimentgestein). Er besteht aus feinkörnigen Tonmineralien (Korngröße kleiner als 0,002 mm). Beimengungen von anderen Mineralien bestimmen seine Farbe: hell- bis dunkelgrau, schwarz, rötlich oder auch grünlich, manchmal auch mehrfarbig streifig. Tonstein ist feinkörnig, homogen und dicht. Er ist oft weich oder krümelig. Wenn Tonstein mit Wasser in Berührung kommt, quillt er auf und zerbröckelt. Nasser Ton hat den typischen Tongeruch. Tonhaltige Böden binden Wasser sowie mineralische und organische Nährstoffe.

Entstehung: Tonstein bildet sich durch Umwandlung eines tonigen Sediments in ein Festgestein. In Flüssen sinken bei abnehmender Fließgeschwindigkeit darin enthaltene Tonmineralien ab und lagern sich am Grund ab. Solange diese Ablagerungen wassergesättigt sind, werden sie Schlamm oder Schlick genannt. Durch Überlagerung wird das Wasser langsam ausgepresst, und unter dem dabei entstehenden Druck und erhöhter Temperatur verfestigt sich das Sediment zu Tonstein.

Verwendung: Wegen der mangelnden Festigkeit und Witterungsbeständigkeit findet Tonstein als Bauwerkstoff nur wenig Verwendung. Er dient aber als Rohstoff für die Zementherstellung, für die keramische Industrie und den Formenbau in der Industrie und wird zu Ziegelsteinen und Dachziegeln gebrannt. Einige Tone blähen sich bei hohen Temperaturen und werden dank dieser Eigenschaft als Dämmbaustoff verwendet.

Besonderheiten: Lehm ist ein Gemisch aus Ton, Sand und Schluff (feiner Sand), wobei der Ton als Bindemittel dient. Enthält Lehm auch noch Kalk, wird er als Mergel bezeichnet.

In feuchtem Zustand ist Lehm formbar, in trockenem Zustand fest. Bei Wasserzugabe quillt Lehm dank seinem Tonanteil auf, beim Trocknen schrumpft er.

Lehm ist neben Holz einer der ältesten Baustoffe der Welt. Er speichert Wärme und wirkt regulierend auf die Luftfeuchtigkeit. Techniken des Lehmbaus sind seit vielen tausend Jahren bekannt. Noch heute leben viele Menschen in Lehmhäusern. In feuchteren Gebieten wie in Mitteleuropa kann Lehm hingegen nur an witterungsgeschützten Stellen eingesetzt werden. Lehm wird auch als Naturheilmittel eingesetzt. Er soll »ausleitend«, reinigend und entgiftend wirken.

Feuerstein

Wortherkunft: Der deutsche Name verrät bereits eine der möglichen Verwendungen dieses Steins.

Beschreibung/Eigenart: Feuerstein, manchmal auch nach seiner französischen Bezeichnung Silex oder Flint genannt, besteht aus mikrokristallinem Quarz und hat ein glasiges Aussehen. Wie Rosenquarz und Bergkristall besteht er aus nur einem Mineral, dem Quarz.

Feuerstein hat viele Farben, von Hellbraun bis Grau oder Schwärzlich. Die Feuersteinknollen haben eine zwiebelartige Struktur und sind in Schichten aufgebaut. Feuerstein lässt sich einfach spalten und bildet dabei rasierklingenscharfe Kanten. Die Bruchflächen sind sehr glatt und wirken, als ob sie poliert wären. Deutlich erkennbar ist oft eine poröse, helle Außenschicht, die mit Kalkanhaftungen verwechselt werden kann.

Tonstein

Entstehung: Die Entstehung von Feuerstein ist nicht vollständig geklärt. Vermutlich sorgen kieselsäurehaltige Lösungen bei der Vedichtung von Kalksedimenten für eine Verdrängung von Karbonaten. Reste von organischem Material (wie Schalen und Skelette von Kieselschwämmen) belegen den organischen Ursprung der Feuersteine.

In zahlreichen Ländern Europas finden sich in jura- und kreidezeitlichen Ablagerungen Feuersteine. Es gibt noch nahezu hundert Bergwerke, in denen Feuerstein abgebaut wird.

Verwendung: Der Stein als wichtigstes Arbeitsmaterial hat einer ganzen Epoche ihren Namen gegeben, der Steinzeit. Der bedeutendste Werkstoff war dabei der Feuerstein. Heute spielt er kaum mehr eine Rolle. Einzig für Straßenbeläge wird er manchmal zermahlen und dem Asphalt zur besseren Reflexion beigemischt.

Vor 300 000 Jahren waren Feuersteine jedoch sehr wichtig. Die Steinzeitmenschen verwendeten sehr häufig diesen harten, einfach spaltbaren Stein. Er war ideal für die Herstellung von Waffen und Werkzeugen, deren Technik im Laufe der Jahrhunderte ständig weiterentwickelt und verfeinert wurde. Zur Bearbeitung des Feuersteins gab es verschiedene Schlagtechniken; sehr präzise Abschläge gelangen beispielsweise mit Geweihspitzen. Daneben wurden auch Schleif- und Bohrtechniken angewendet.

Feuerstein

Besonderes: Mit Feuersteinen allein lassen sich zwar keine Funken schlagen, doch mit Hilfe des Feuersteins wurden aus einem Pyrit Funken geschlagen und damit dann leicht entzündbares Material angezündet. Feuerstein diente früher auch in Flinten (daher der Name Flintstein) als Zündhilfe.

Gneis

Wortherkunft: *Geneus* ist eine alte sächsische Berg-
mannsbezeichnung. Damit wurde das feste Gestein
zwischen den Erzgängen bezeichnet.

Beschreibung/Eigenart: Als Gneis bezeichnet
man mittel- bis grobkörnige Gesteine mit einer sichtbaren
Bänderung. Gneise bestehen wie auch Granite hauptsächlich aus Feldspat, Quarz und Glimmer.

Entstehung: Der Gneis ist ein Umwandlungsgestein.
Er stammt von verschiedenen Ursprungsgesteinen ab, die
meisten von magmatischen Gesteinen (z.B. Granit) oder
von Sedimenten (z.B. Sandstein).
    Während der Umwandlung (Metamorphose)
der ursprünglichen Gesteine in großer Tiefe waren die
Temperaturen so hoch, dass gewisse Mineralien
des Gesteins verformbar wurden oder zum Teil sogar
schmolzen und umgewandelt wurden. Durch den
großen Umgebungsdruck wurde das Gesteinsgefüge
deformiert und die neu gebildeten Mineralien in
eine neue Ordnung gebracht. Dabei entstand die typische
und von bloßem Auge deutlich erkennbare Bänderung
des Gneises.

Verwendung: Gneis zählt wegen seiner leichten Spalt-
barkeit und Vielfältigkeit zu den beliebten Natursteinen
zum Bauen von Mauern, Terrassen und Wegen. Er
wird auch als Schotter sowie für Grenz- oder Grabsteine
verwendet.

Besonderheiten: Gesteine dienen immer wieder zur
Bezeichnung von Flurnamen, Landschaften oder
Dörfern. So heißt im österreichischen Salzburg ein
Stadtteil Gneis.

Gneis

Schiefer, Tonschiefer

Schiefer, Tonschiefer

Wortherkunft: Die Bezeichnung Schiefer stammt vom althochdeutschen *scivaro* und bedeutet Stein-, Holzsplitter.

Beschreibung/Eigenart: Der Tonschiefer besteht aus dünnen Tonplättchen, die fein geschichtet sind und leicht brechen können. Neben Tonmineralien enthält er auch Quarz und weitere farbgebende Mineralien.

Schiefer ist dunkelgrau bis schwarz. Manchmal schimmern die Flächen auch rötlich, grünlich oder sind bunt angelaufen.

Entstehung: Tonschiefer entsteht unter geringem Einfluss von Druck und Temperatur aus Tonstein. Feine Tonplättchen haben sich in ruhigem Wasser oder in sehr großer Meerestiefe abgelagert (siehe auch Tonstein); die feinen Tone können sehr gut erhaltene Fossilien enthalten, da diese durch Luftabschluss vor der Zersetzung geschützt waren. Die nachfolgenden Schichten pressten die Tonablagerungen zusammen (Ablagerungsgestein), und es entstand daraus ein Gestein. Durch Wärme und Druck wurde es zusätzlich verdichtet, und es bildeten sich ebene, parallele Trennflächen, sogenannte Schieferungsflächen. Aus Tonstein wurde Tonschiefer, ein sogenanntes Umwandlungsgestein (methamorphes Gestein). Es gibt auch Kalk- und Mergelschiefer.

Verwendung: Schiefer lässt sich gut in Platten spalten, ist witterungsresistent und oft auch wasserabweisend. Sehr häufig wird er für Dachplatten verwendet, ebenso für Wandverkleidungen, Tischplatten, Fensterbänke und Bodenbeläge. Sogar Billardtische, die sehr flach und schwer sein müssen, werden manchmal aus Tonschiefer hergestellt.

Besonderheiten: Bis vor nicht allzu langer Zeit benutzten die Kinder in der Schule Schiefertafeln. Die Griffel dazu waren aus demselben Material. Schiefertafeln werden heute noch bei Kartenspielen benutzt.

Marmor

Wortherkunft: *Marmaros* kann in Griechisch sowohl »gebrochenes Gestein« als auch »glänzend« bedeuten.

Beschreibung/Eigenart: In vielen Kulturen und Epochen war Marmor Ausdruck für Reichtum, sowohl als Baustoff wie auch als Material für Kunst- und Kultgegenstände. Marmor gibt es in vielen unterschiedlichen Maserungen, Härten und Farbnuancen: von Schwarzgestreift über Gelb, Grün, Rosa bis zu weißem Marmor. Marmor ist härter als Kalkstein, widerstandsfähiger gegen Abnutzung und Verwitterung, und er lässt sich schöner polieren.

Häufig werden in der Umgangssprache auch Kalksteine mit guten Poliereigenschaften als Marmor bezeichnet, etwa Lahnmarmor.

Entstehung: Kalkhaltige Ablagerungen wie zum Beispiel Korallenriffe werden von jüngeren Sedimenten überdeckt und schließlich durch Bewegungen in der Erdkruste in Tiefen von mehreren Kilometern in den Untergrund versenkt. Durch diese Verschiebungen entstehen ein hoher Druck und hohe Temperaturen. Dabei wandelt sich der Kalkstein im Laufe von Jahrmillionen in Marmorgestein um. Marmor ist ein Umwandlungs-, ein metamorphes Gestein.

Vorkommen: Man findet Marmor in vielen Regionen der Welt, in immer wieder anderer Qualität und mit

Marmor

anderem Aussehen. Jedes Abbaugebiet hat seine Abnehmer, die ganz unterschiedliche Produkte daraus fertigen.

Im antiken Griechenland gab es einen regelrechten Marmorkult. Das lag nicht nur daran, dass sich der Stein für prächtige Tempelbauten eignete, sondern auch daran, dass er in Griechenland in großen Mengen und vielerorts zu finden war. Aus den Bergen von Carrara in Mittelitalien stammt der bekannte weiße Carrara-Marmor.

Verwendung: Da Marmor meist äußerst frostbeständig ist, wird er im Außenbereich für Terrassenplatten, Außentreppen oder Grabsteine eingesetzt. Marmor ist häufig auch die bevorzugte Wahl für eine besonders edle Ausgestaltung, etwa in Bädern, für Fußböden und Wandverkleidungen. In der Bauwirtschaft werden oft alle Arten von polierfähigen Kalksteinen als Marmore bezeichnet, obwohl es im geologischen Sinne keine Marmore sind. An Orten, die sich in der Nähe von Marmorfundorten befinden, wurden von jeher Kirchen, Plätze, Denkmäler und Straßen aus Marmor gebaut. Häufig werden aus Marmor monumentale Bauwerke geschaffen. Einer der bekannteren Architekten der Gegenwart, der Tessiner Mario Botta, arbeitet auch heute oft mit Marmor.

Auch für Kunstgegenstände war Marmor sehr beliebt. Michelangelo hat seine berühmten Skulpturen aus toskanischem Marmor gehauen.

Weitere Verwendung findet Marmor in feinster Pulverform als Scheuermittel in Zahnpasta und in Calciumtabletten.

Besonderheiten: Marmor wurde schon vor über 2000 Jahren in Steinbrüchen aus dem Felsen geschnitten und wird es heute immer noch. Der Abbau in den Marmorsteinbrüchen hat sich im Laufe der Jahrhunderte stark geändert. Gefährlich ist er bis heute geblieben. Die Römer arbeiteten mit Eisenkeilen, die sie in Spalten trieben, bis ein Block herausbrach. Auch nasse Holzkeile wurden dafür eingesetzt. Früher ließ man die rechtwinkligen Marmorblöcke die Hänge herunterrollen, später wurden sie mit Holzschienen und mit Hilfe von Ochsen transportiert. Im 18. Jahrhundert wurde der Marmor mit Schwarzpulver gesprengt, hundert Jahre später wurden spiralförmige Stahlseile und im letzten Jahrhundert schließlich diamantbesetzte Stahlseile eingesetzt.

Steinen auf der Spur – spielen und lernen mit Steinen

Steine meißeln
in der Steingrube.

Durch die vielfältige Beschäftigung mit Steinen lernt man sie genauer kennen.

Steinreich

Fast überall auf dem Erdboden finden sich Steine: am Wegrand, im Park, im Garten oder im Wald. Wir brauchen nicht weit zu gehen, um Steine zu finden. Steine, die sich besonders gut zum Sammeln eignen, lagern häufig auf Kiesbänken, in Flussbetten, im Geröll von Gebirgen oder an Stränden. Sogar in Steinbrüchen können mit Meißel, Fausthammer, Spachtel und Taschenmesser interessante Fundstücke aus der Wand geklopft werden. Die Augen sollte man dabei mit einer Schutzbrille schützen.

Gegensätze

Auf einem Steinspaziergang sammeln wir möglichst gegensätzliche Steine von unterschiedlichen Formen oder Farben: hell und dunkel, eckig und rund, klein und groß, rauh und glatt usw. Die Steine werden als Gegensatzpaare zu einem Bild geordnet einander gegenüber gelegt.

Vielfältige Steine

Steine können sich in verschiedenen Eigenschaften voneinander unterscheiden: in Größe, Form, Struktur, Härte und Farbe. Außerdem sehen Steine nass und trocken teilweise sehr unterschiedlich aus.

Reiche Ausbeute am Wasser.

Die Merkmale von Steinen können mit allen Sinnen erlebt werden. Viele Eigenschaften lassen sich mit geschlossenen Augen erkennen und ertasten. Um Farben und Muster zu erkennen, muss man sie genau beobachten. Wir können sogar herausfinden, wie sie riechen, schmecken und tönen.

Wir sammeln möglichst viele »Eigenschaften« von Steinen: rund, spitz, klein, gezackt, leicht, weiß, bräunlich, gepunktet, glatt, porös, länglich, rauh, rund, schwer, gestreift usw. Oder es werden mögliche Fundorte, z.B. Sandstrand, Flussufer, gewählt. Jedes dieser Merkmale wird einzeln auf ein Kärtchen geschrieben. Die Kärtchen werden umgedreht und gemischt. Dann werden die gesammelten, möglichst vielfältigen Steine in die Mitte des Kreises gelegt. Die erste Person zieht zwei Kärtchen

Einfache Spiele mit vielfältigen Varianten.

und sucht den Stein, der am besten den vorgegebenen Eigenschaften entspricht.

Die Aufgabe wird schwieriger, wenn drei oder sogar vier Merkmalkärtchen auf einmal gezogen werden und einem Stein zugeordnet werden müssen.

Tipp: Falls gegensätzliche, einander ausschließende Eigenschaften gezogen werden (z.B. spitz und rund), wird eines der Kärtchen durch ein neues ersetzt.

Logische Ordnung

Wir sammeln Steine und legen sie nach bestimmten Merkmalen geordnet in eine Reihe. Zum Beispiel nach der Größe von klein zu immer größeren Exemplaren oder als komplexere Variante in der immer gleichen Reihenfolge wechselnder Merkmale wie eckig, weiß, groß, eckig, weiß, groß, eckig, weiß, groß usw.

Das Gegenüber versucht die Merkmalkriterien zu erraten und legt mit den eigenen Steinen eine Reihe mit denselben Kriterien nach.

Ob die Steinreihe wohl stimmt?

Blind ertasten

Bei guter Konzentration lassen sich Steine auch allein mit dem Tastsinn wiedererkennen.

Einer oder mehreren Personen werden die Augen verbunden. Dann werden ihnen nacheinander drei, vier oder fünf Steine in die Hand gelegt. Sie müssen die Steine jeweils ganz genau ertasten, sich ihre Merkmale (Größe, Struktur, Gewicht) und die Reihenfolge merken. Dann versuchen sie mit offenen Augen die Steine in der richtigen Reihenfolge aufzulegen.

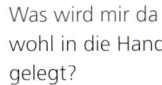

Was wird mir da
wohl in die Hand
gelegt?

Ästhetik der
Vielfalt im Kreisbild.

Mandala

Das Mandala ist eine alte Meditationsform aus der indischen und tibetischen Tradition. Mandalas sind Bilder, in denen Figuren und Formen konzentrisch um eine betonte Mitte herum angeordnet sind. Sie symbolisieren sowohl den ewigen Kreislauf als auch den Weg in die Mitte. Das Legen und Betrachten der Kreisformen zentriert und beruhigt und dient der Beschaulichkeit und inneren Sammlung.

Auch in der christlichen Überlieferung sind Kreisbilder in Form von Fensterrosen in mittelalterlichen Kirchen oder in alten Mosaiken vorhanden. Solche Formen finden sich auch in der Natur immer wieder: Viele Blüten sind in Kreisform aufgebaut, und ebenso können beim Halbieren von Früchten Kreisanordnungen entdeckt werden.

Heute haben viele Menschen das Mandala als Meditationshilfe entdeckt: beim Malen, beim Anschauen, beim Auslegen mit verschiedenen Materialien.

Mit unterschiedlichen Steinen oder Sand können Kreisbilder (Mandalas) gelegt werden. Dabei gibt es unzählige Gestaltungsmöglichkeiten. Mandalas sind immer zur Mitte hin orientiert. Häufig legt man ein Mandala von innen nach außen, kann es aber auch umgekehrt tun. Man kann das Mandala auch in verschiedene Sektoren unterteilen und diese nacheinander, sei es durch eine oder verschiedene Personen, gestalten.

Beim Dominospiel werden Steine mit ähnlichen Merkmalen aneinandergereiht.

Domino

Wir legen uns einen Vorrat an sehr unterschiedlichen Steinen an. Eine Person legt einen ersten Stein. Der nächstfolgende Stein muss ein Merkmal des ersten Steins aufnehmen und gleichzeitig ein weiteres typisches Merkmal aufweisen usw. (z.B. eckig/grün – grün/gestreift – gestreift/rund).

Steinforschende

Jede Person wählt einen Stein aus. Nun geht es darum, durch verschiedene Methoden möglichst viel über den Stein herauszufinden: wiegen, mit Werkzeug bearbeiten, die Härte mit anderen Steinen vergleichen, Volumen messen (Wasserverdrängung), mit der Lupe betrachten, zeichnen, tönen lassen. Wer findet noch weitere Methoden, den Stein kennen zu lernen?

Besonders Spass macht es, wenn zuerst – vor den Messungen – die eigenen Vermutungen aufgeschrieben werden. Danach kann man sie mit den tatsächlichen Werten vergleichen.

Steinnamen

Wenn Forscherinnen und Forscher etwas entdecken oder neu erfinden, suchen sie einen Namen dafür. Dies taten sie auch bei der Entdeckung der Welt der Gesteine. Je mehr unterschiedliche Gesteine und Mineralien bekannt waren, desto erfinderischer mussten sie bei der Namensgebung werden. Manchmal diente ein lateinisches Wort zur Bezeichnung eines Steins: »Granum«, das lateinische Wort für Korn, gab dem körnigen Granit seinen Namen. Weil das aus verschiedenem Geröll zusammengekittete Gestein einer Wand voller rundköpfiger Nägel glich, wurde es im Volksmund Nagelfluh genannt; dieser Name wurde dann zur offiziellen Bezeichnung des Gesteins. Oft wurden die Steine auch nach ihrem Fundort oder ihrem Finder benannt und dann mit der Endung »-it« versehen, wie etwa beim Wallisit.

Wir beobachten unterschiedliche Steine, seien es einzelne Steine oder Gesteinsformationen, ganz genau und suchen fantasievolle Namen dafür.

Vielleicht suchen wir auch Namen für Gruppen von Steinforschenden: Sind es die »Steingrübler«? Sind es die »Harten Steinfreaks«? Oder »Steinzeitdinos«?

Steine kennen

Wichtig für die Bestimmung eines Gesteins ist neben anderen Merkmalen seine Struktur, das heißt die Anordnung der Mineralienkörner. Bei genauer Betrachtung lassen sich so viele Informationen auch über die Entstehungsgeschichte finden.

1 Im Gestein sind deutlich voneinander getrennte Mineralienkörner erkennbar, dies ist zum Beispiel beim Granit der Fall (Plutonite/Erstarrungsgestein). Sind sie bei ihrer Entstehung schnell abgekühlt, so sind die Mineralien grobkörnig, sind sie langsam abgekühlt, so sind sie feinkörnig angeordnet.

2 Wenn die Mineralien sehr feinkörnig und dicht angeordnet sind, führt dies zu einer gleichmäßigeren Färbung. Manche enthalten sogenannte Einsprenglinge oder durch vulkanische Gase gebildete Blasenhohlräume wie zum Beispiel Basalt (Vulkanite/Erstarrungsgestein).

3 Sind die Mineralienkörner einst durch Druck und Hitze im Erdinnern miteinander verschmolzen, weisen sie oft Bänderungen, Schieferungen, Schlieren oder »Augen« auf wie zum Beispiel Gneis (Umwandlungsgestein).

4 Andere Gesteine zeigen bedingt durch einstige Ablagerungen bei ihrer Entstehung eine horizontale, manchmal auch schräge Schichtung, so etwa Sandstein (Sedimentgestein).

Wir suchen Steine, die den oben stehenden Beschreibungen entsprechen. Wenn wir Steine finden,

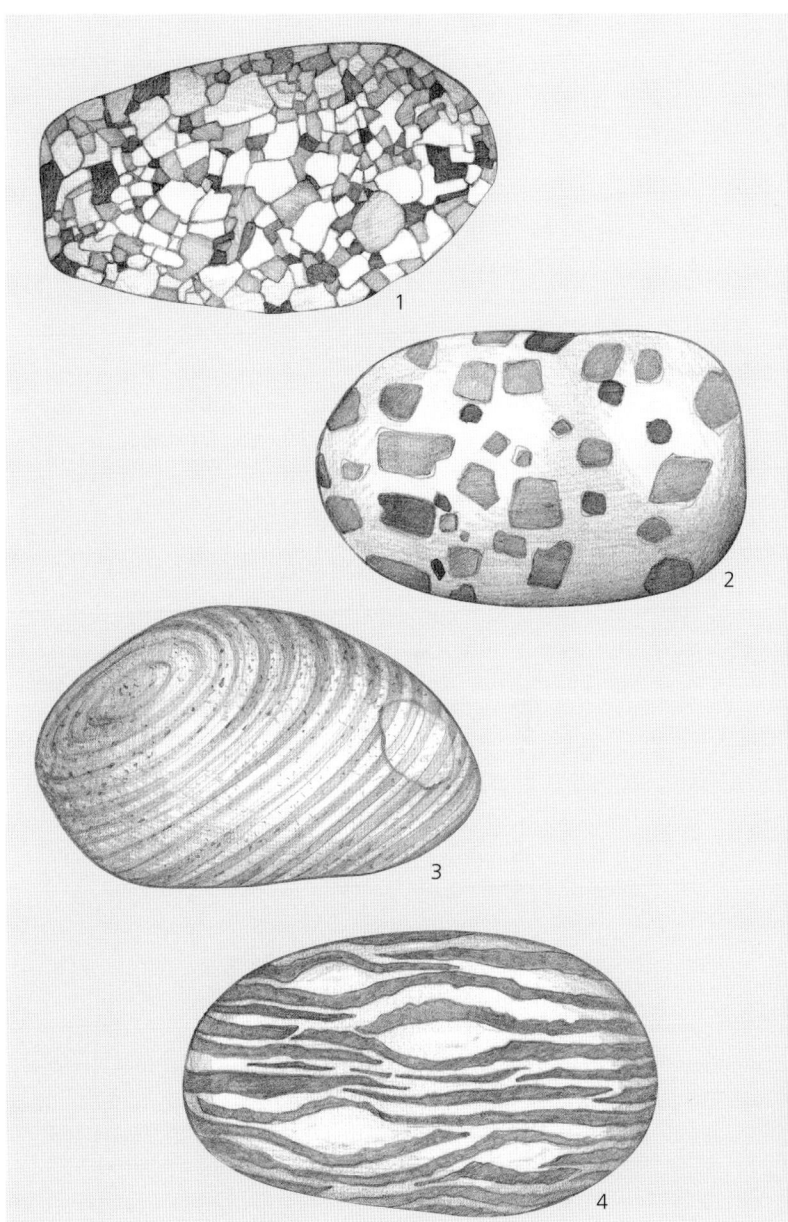

die wir nicht bestimmen können, zeichnen wir sie detailliert ab. Und vielleicht finden wir mit Hilfe eines Bestimmungsbuches auch ihre Namen.

Steine schleifen

Durch Schleifen kann die »innere« Schönheit eines Steines auf eindrückliche Weise herausgearbeitet werden. Eine Steinfläche zu schleifen ist zwar recht einfach, braucht jedoch etwas Geduld. Dazu eignen sich schon einfache Kieselsteine. Brüchige Steine, solche mit Rissen und Sandstein eignen sich nicht dazu. Zum Schleifen braucht es verschieden feines Schleifpulver (Kornfeinheiten: 80er, 200er, 400er und 1000er) und ein Polierpulver. Es kann auch Nassschleifpapier verwendet werden (siehe Bezugsquellen, Seite 135).

Auf eine Metall- oder eine dicke Glasplatte streut man eine Messerspitze des gröbsten Schleifpulvers und besprüht es mit etwas Wasser, so dass ein nicht zu dicker Brei entsteht. Nun bewegt man den Stein mit kreisenden Bewegungen über die Platte, bis das Schleifkorn zerrieben ist. Bevor man zum nächstfeineren Schleifkorn wechselt, muss der Stein mit Wasser und Bürste gereinigt, die Unterlage und die Hände gut gewaschen werden. Tut man dies nicht, wird das grobe Korn beim Schleifen mit dem feineren Korn die geschliffene Fläche des Steins zerkratzen. Auf diese Art arbeitet man sich systematisch vom gröbsten bis zum feinsten Schleifpulver durch. Zum Schluss wird alles gut gesäubert.

Damit der Stein glänzt, wird er am Schluss noch poliert. Dazu trägt man auf eine Unterlage aus Holz, Novilon mit genoppter Rückseite, Leder, Filz oder Metall sehr sparsam das angefeuchtete Polierpulver auf und reibt den geschliffenen Stein darauf mit kräftigem Druck. Mit der Zeit erscheint dann der gewünschte Glanz.

Durch das Schleifen der Steine wird ihre «innere Schönheit» sichtbar.

Durch das Schleifen wird das Innere der Steine quasi nach außen getragen. Auf der einen Seite sind sie nun bearbeitet und repräsentieren den »Kulturaspekt«, auf der anderen Seite sind sie pure »Natur« geblieben.

Carborundum (Siliciumkarbid), das häufig als Schleifpulver verwendet wird, ist ein Gemisch aus Bergkristall (Quarz und Silicium) und Kohle oder Koks, das durch große Hitze zu Siliciumkarbid verwandelt wird.

Zum Polieren wird entweder ein feines, künstlich hergestelltes Saphirpulver (Aluminiumoxid), Kieselsäure oder Ceroxid verwendet.

Geschichten

Der Zauberstein

Eines Tages kam ein Wanderer in ein Dorf. Er war lange unterwegs gewesen und hoffte, in dem Dorf eine Unterkunft und ein Essen zu bekommen. Er hatte nach seiner langen Reise nichts mehr als seine Kleider am Leib und einen kleinen Rucksack, der aber leer war.

Als er in das Dorf kam, klopfte er an die erste Türe und bat um einen Schlafplatz und um eine Mahlzeit. Als die Frau den Mann sah, der ungewaschen und müde aussah, sagte sie: »Wir haben selbst kaum etwas.« So ging er zum nächsten Haus und fragte dort nach. Aber hier schlug man ihm, noch bevor er seine Bitte gesprochen hatte, die Türe vor der Nase zu. Da setzte er sich an die Straße und überlegte.

Er ging zum nächsten Haus und erzählte dort, dass er ein Wanderer mit einem Zauberstein sei, der durch die Lande ziehe. Dabei hielt er einen großen Stein in den Händen. Er erklärte, dass dieser Stein ein wunderbares Essen kochen könne, aber nur, wenn er einen Topf mit heißem Wasser bekäme. Voller Neugier baten die Bewohner ihn ins Haus. Ein Topf wurde mit Wasser gefüllt und der Stein hineingelegt. Die Nachricht vom Zauberstein verbreitete sich schnell, und so kamen bald viele Leute.

Da sagte der Wanderer: »Das Mahl wäre noch besser, wenn einer von euch einige Kartoffeln bringen könnte.« Sogleich lief einer los, denn man wollte ja auch etwas von dem Zaubermahl haben. Da rief der Wanderer: »Als ich das letzte Mal ein Essen mit dem Zauberstein gekocht habe, war es wunderbar, denn ich hatte noch etwas Fleisch und Gemüse dazu. Aber heute habe ich leider nur den Stein.« Da gingen sogleich zwei Frauen davon und brachten Fleisch und Gemüse. Bald brodelte eine wohlriechende Suppe im Topf. Der Wanderer rührte die Suppe und erzählte derweil von seinen Reiseerlebnissen. Viele waren nun gekommen, Alte und Junge, Kinder und Erwachsene.

Da bat der Wanderer um Teller und Löffel und teilte großzügig von der Suppe aus. Gespannt probierten die Leute und ein jeder lobte den besonderen Geschmack. Alle waren sich einig, schon lange keine so gute Suppe mehr gegessen zu haben, und ein jeder war fest davon überzeugt, dass dies am Zauberstein läge.

Der Wanderer aber saß in der Ecke und lächelte still vor sich hin. Er war zufrieden mit dem Mahl und wunderte sich darüber, was man mit einem einfachen Stein erreichen konnte. Seine Idee, den Zauberstein zu erfinden, machte ihn stolz. Der Stein hatte geschafft, was seine einfache Bitte nicht erreicht hatte.

Er war satt, und zugleich waren die Menschen eine fröhliche Tischgemeinschaft, denn für dieses besondere Mahl hatte jeder gerne gegeben.

Quelle unbekannt

Dem eigenen Potenzial auf der Spur

Der Stein als uralter Begleiter der Menschen eignet sich als Symbol für die Darstellung des Lebensweges und der Persönlichkeit eines Menschen. Steine können helfen, wesentliche Aspekte einer Person zum Ausdruck zu bringen und damit Eigenschaften wie auch Entwicklungsmöglichkeiten, Kompetenzen und Talente zu entdecken.

Jeder Mensch ist einzigartig und hat seine eigene Persönlichkeit, die sich im Laufe des Lebens durch verschiedene Einflüsse verändert. Eigenschaften, Fähigkeiten, Prägungen und Interessen sind eng miteinander verbunden und beeinflussen sich gegenseitig. Zusammen ergeben sie das Potenzial des Menschen, das, was er auf den verschiedenen Schauplätzen des Lebens ins Spiel bringen kann.

Die einen erfinden gerne Spiele, andere können gut Geschichten vorlesen. Der eine kann gut reden, andere gut mit Werkzeugen arbeiten und wiederum eine andere ist ein wahres Bewegungstalent. Einer ist der beste Tröster, andere sind die geborenen Organisatoren. Keiner von uns kann alles und keiner von uns kann nichts von alledem. Es ist wichtig, sich und sein Potenzial zu kennen, sich – mit all seinen Tugenden wie auch Unzulänglichkeiten – anzunehmen und ein gesundes Selbstvertrauen zu entwickeln.

Durch die Beschäftigung mit Steinen können wir uns besser kennenlernen und entdecken: Wer bin ich? Welche Kompetenzen und welches Potenzial habe ich?

Lebendige symbolische Darstellung des Lebenslaufs einer vierzigjährigen Frau.

Die Lebensstationen eines zehnjährigen Knaben.

Lebensbuch

Um die eigene Persönlichkeit zu erkunden, kann es hilfreich sein, den eigenen Werdegang anhand eines Lebensrads durchzugehen und systematisch zu sammeln, was wir gelernt und erfahren haben. Rückmeldungen von vertrauten Menschen können weiterhelfen.

Das Lebensbuch einer neunzigjährigen Frau.

Der Lebensweg wird mit Hilfe von Steinen dargestellt. Die Form des Steingebildes spielt keine Rolle: Es kann eine Spirale, eine Linie, ein Rad oder ein Fantasiegebilde sein. Für alles, was im »Lebensbuch« von Bedeutung ist, wird ein Stein gesetzt. Wir beginnen mit der Geburt. Wo komme ich her? Was habe ich bisher erlebt? Was habe ich bisher gelernt? Was wünsche ich mir für die Zukunft. Für Kinder ist der Bau des steinernen Lebensbuches einfacher, wenn sie von einem Erwachsenen im Gespräch unterstützt werden.

Tipp: Mit Hilfe von verschiedenen Steinen können auch Momentaufnahmen von verschiedenen Lebenssituationen dargestellt werden: Welchen Platz habe ich in der Familie? Welchen in der Schule/im Beruf? Wo ist mein Platz in der Welt?

Medizinrad

Das indianische Medizinrad geht von der Vorstellung aus, dass das Leben einen Kreis von Geburt, Tod und Wiedergeburt darstellt. Es zeigt die Verbindung des Menschen mit der Erde und der Natur auf. Das Rad symbolisiert das Universum mit seinen Kräften und widerspiegelt die Verbundenheit allen Lebens auf der Grundlage eines Gleichgewichts von Kräften. Das Rad stellt den Lauf der Sonne durch die Jahres- und Lebenszeiten dar.

Entsprechend dieser Vorstellung tritt der Mensch bei seiner Geburt in einem bestimmten »Mond« beziehungsweise Monat als Ausgangspunkt einer besonderen Prägung in den Lebenskreis ein. Damit ist er mit ganz bestimmten Fähigkeiten, Verantwortlichkeiten und Kräften ausgestattet. Vier Segmente des Kreises stehen für die sichtbare Welt: die vier Himmelsrichtungen, die vier Tageszeiten und die vier Jahreszeiten. Mit den vier

Das Medizinrad
wird noch verziert.

Aufbau des Medizinrads

1 Zentrum
2 Mutter Erde
3 Vater Sonne
4 Großmutter Mond
5 Element Erde
6 Element Wasser
7 Element Feuer
8 Element Luft
9 Hüter des Nordens
10 Hüter des Ostens
11 Hüter des Südens
12 Hüter des Westens
13–24 Astrologische Tierkreiszeichen
(Steinbock bis Schütze)
25–27 Pfad des Nordens
28–30 Pfad des Ostens
31–33 Pfad des Südens
34–36 Pfad des Westens

Elementen (Luft, Feuer, Wasser, Erde) und mit Symbolen aus dem mineralischen, pflanzlichen und tierischen Reich werden weitere Zuordnungen aufgezeigt. Ein Medizinrad unterstützt alle, die sich damit beschäftigen, sich in vielfältigen Dimensionen besser kennenzulernen.

Ein Medizinrad kann man auch selbst bauen. Dies sollte an einem Ort geschehen, der Kraft und Stärke vermittelt. Das Rad, das Zentrum und die Speichen des Rades sind durch 36 Steine markiert, von denen jeder eine eigene Bedeutung besitzt. Im Zentrum liegt ein besonderer Stein; es kann aber auch eine Feuerstelle sein. Im inneren Kreis liegen sieben Steine für die Erde, die Sonne und den Mond sowie für die vier Elemente. Die vier Himmelsrichtungen werden entsprechend ausgerichtet und mit den vier Speichen aus je vier Steinen dargestellt. Zwischen den Himmelsrichtungen liegen im äußeren Kreis die indianischen Tiersymbole bzw. unsere Tierkreiszeichen als Entsprechung.

Man kann das Medizinrad durch die verschiedenen Himmelsrichtungen, Jahreszeiten und Monde bereisen und sich dem Wissen und der Kraft der jeweiligen Etappe öffnen.

Rund um das Medizinrad können zu verschiedenen Anlässen (Sommersonnenwende, Geburten, Hochzeiten, Trauerfeier usw.) Zeremonien gefeiert werden.

Ich bin ein Stein

Mit Steinen kann die eigene Persönlichkeit dargestellt werden. Damit können wir uns selbst und andere besser kennenlernen.

Zum Malen des eigenen Steinbilds müssen wir zuerst entscheiden, welche Art von Stein die eigene Person am besten darstellt. Wie zeichne ich mich, damit der Stein die eigene Person und den Charakter zeigt und die anderen mich erkennen können? Wie groß soll er sein? Welche besondere Gestalt, welche Farben soll er haben? Sind in seiner Form, seiner Größe, seiner Zeichnung Glück oder Leid geschrieben? Auch eine bestimmte Umgebung kann dazugehören.

Die gemalten Bilder werden nach der Fertigstellung gemischt und in die Mitte gelegt. In den unterschiedlichen Darstellungen scheinen die vielseitigen Persönlichkeiten auf. Die Gruppe stellt Vermutungen darüber an, von wem die einzelnen Steinzeichnungen gemalt wurden. Erkennt man mich?

Auktion

Steine repräsentieren verschiedene Stärken oder Schwächen. Fähigkeiten und Eigenschaften aus der nebenstehenden Liste werden mit Tuschfarbe auf Steine geschrieben.

Nacheinander wählt jede Person in einer ersten Runde die für sie typischen Merkmale aus – drei Stärken und drei Schwächen – und beschreibt ihre Wahl kurz. Danach werden die Steine zurückgelegt. Dieselben Steine können natürlich auch von den nachfolgenden Personen ausgewählt werden.

In einem nächsten Durchgang findet eine Auktion statt, bei der die Teilnehmenden eine Anzahl Kompetenzsteine ersteigern müssen. Jede Eigenschaft oder Fähigkeit ist nur einmal vorhanden. Jede Person hat 10 Kieselsteine zur Verfügung, um seine gewünschte(n) Kompetenz(en) zu ersteigern. Es kann gehandelt und getauscht werden. Eine Person übernimmt die Leitung der Auktion.

Liste von Eigenschaften und Fähigkeiten: Wie bin ich? Was kann ich gut?

Persönlichkeit (Selbstkompetenz):
aktiv, offen, tolerant, humorvoll, anpassungsfähig, mutig, fröhlich, interessiert, aufrichtig, neugierig, vielseitig, belastbar, ruhig, optimistisch, geduldig, selbstsicher, begeisterungsfähig, ausgeglichen, vital/gesund usw.

Arbeitsstil, Umgang mit Informationen und Material (Methodenkompetenz):
verantwortungsbewusst, konzentriert, zuverlässig, ordentlich, kooperativ, lernbereit, pünktlich, speditiv, kreativ/ideenreich, fleißig/ausdauernd, initiativ, flexibel, arbeitsfreudig, motiviert, genau, praktisch, geschickt, organisieren, kontrollieren, planen/entwickeln, untersuchen, analysieren usw.

Umgang mit Menschen (Sozialkompetenz):
einfühlen, führen, verhandeln, Anweisungen entgegennehmen, überwachen, kommunizieren, überzeugen, beraten, entscheiden, unterhalten, kontaktfreudig, zuvorkommend/höflich, durchsetzungsfähig, teamfähig, hilfsbereit usw.

Fachliche Fähigkeiten (Fachkompetenz):
Sprachen sprechen, Maschinen reparieren, mit Computer umgehen, Werkzeuge benutzen usw.

Silhouette

Immer wieder, etwa in der Schule, bei der Berufswahl oder einer beruflichen Standortbestimmung, geht es im Leben darum, seine Kompetenzen beschreiben zu können.

Mit einer Steinsilhouette lassen sich Stärken, Eigenschaften, Fähigkeiten und Kenntnisse veranschaulichen. Auf den Boden oder auf ein Blatt Papier wird zuerst der Umriss des Körpers aufgezeichnet. An die Stellen des Körpers, die etwas gut können, wird ein dunkler Stein für eine bestimmte Fähigkeit oder Eigenschaft gelegt. So kann beispielsweise ein Stein auf der rechten Hand bedeuten: Ich treffe den Ball immer gut in den Korb; ein Stein auf dem Herz: Ich kann andere gut verstehen;

ein Stein auf dem Kopf: Bei einem Misserfolg bleibe ich meist ruhig.

Mit hellen Steinen wird danach markiert, welche Fähigkeiten und Eigenschaften man gerne entwickeln würde.

Lebensbegleiter

Ein Steinschmeichler schmiegt sich so in die Hand ein, als ob er die Handinnenfläche streicheln würde.

Weise überall auf der Welt hielten Handschmeichler in ihren Händen, um ihre Gedanken zu beflügeln oder sich in Meditation zu versenken.

Mit Steinen eigene Fähigkeiten aufzeigen.

Wir suchen in der Umgebung einen Stein, der uns besonders auffällt und gut in die Hand passt. Wir nehmen den Stein in die Hand und schließen die Augen. Wie fühlt sich der Stein an? Ist er glatt oder rauh? Hat er Vertiefungen oder Erhebungen? Gibt es spitze Stellen oder Rundungen? Wir lassen die Gedanken schweifen. Woher kommt der Stein? Schließlich öffnen wir langsam die Augen wieder und sehen uns den Stein genau an. Mit der Zeit erwärmt sich der Stein. Das Ziel ist, sich ein paar Minuten lang voll auf den Stein zu konzentrieren und mit ihm »zu verwachsen«.

Wenn der Stein gut in die Hand passt und gefällt, werden wir ihn nicht mehr tauschen wollen. Er wird zum persönlichen Stein und kann zu einem guten Freund oder Lebensbegleiter werden. Vielleicht bekommt der Stein sogar einen eigenen Namen? Seine wirkliche Schönheit erhält der Handschmeichler, wenn er noch mit Bienenwachs oder Öl eingerieben wird.

Tipp: Man kann Schmeichelsteine aus Speckstein herstellen. Speckstein, eine Art Talk, ist das weichste aller Mineralien. Er lässt sich gut schneiden, schnitzen und polieren, wird für Steinskulpturen verwendet und, weil er Wärme speichert, auch für Steinöfen.

Ein Stück Speckstein wird grob in die gewünschte Größe gesägt und dann mit Raspel und Feile immer feiner bearbeitet, bis der Schmeichler die gewünschte Form hat. Am Schluss wird er mit Schleifpapier geschliffen.

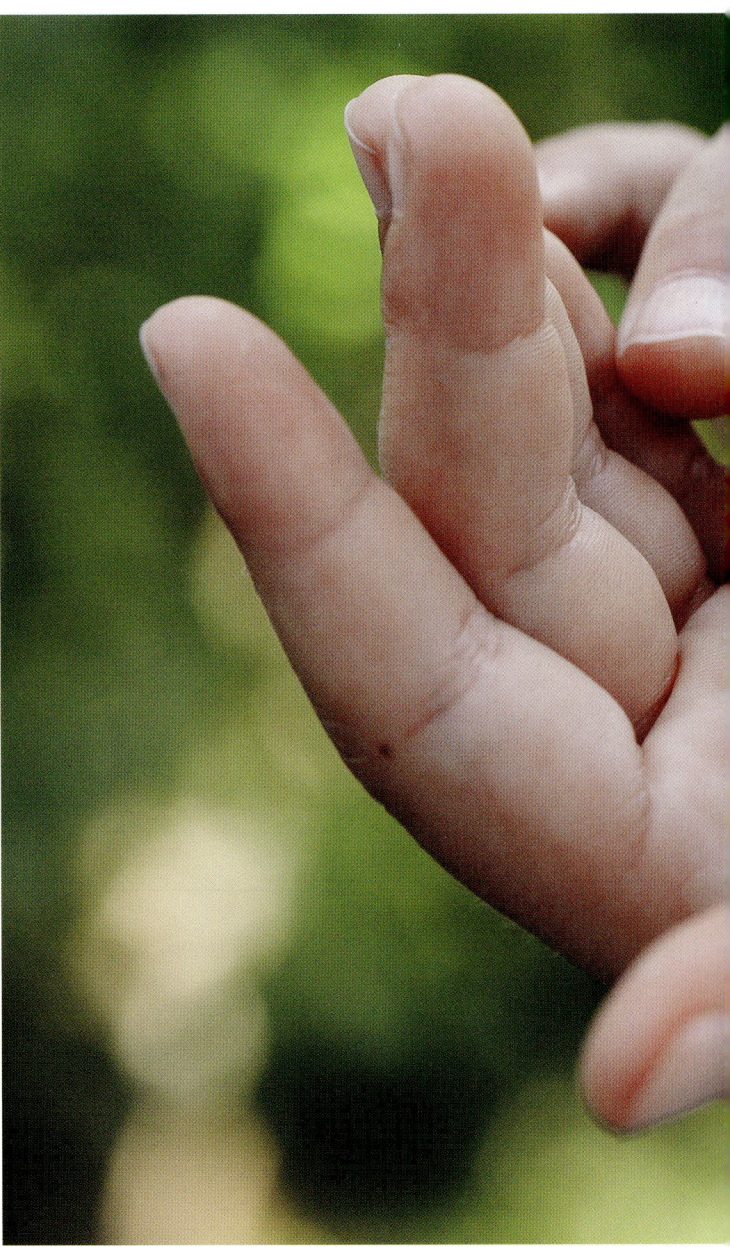

Ein gut in die Hand passender Stein als Lebensbegleiter.

Geschichten

Die alte Frau und der Hirte

Teil 1

Einst, vor noch nicht allzu langer Zeit, lebte eine Frau am Rand eines großen Waldes in einem kleinen Haus. Tula war trotz ihres hohen Alters immer noch eine stattliche Frau. Ihre Bewegungen waren kräftig und geschickt zugleich, und dennoch strahlte sie eine gewisse Ruhe aus. Ihre grauen Haare trug sie kurz. Sie ging mit wachen Augen durch die Welt und begrüßte die Menschen, die sie ansprachen mit Freundlichkeit. Sie lebte allein; im Dachstock ihres Hauses hatten sich drei Falken ihre Nester eingerichtet. Wann immer sie aus dem Haus ging, nahm sie ihren dunklen, reich verzierten Stock mit, der oben in einer Kugel aus glänzendem Mondsilber endete.

Tula ahnte, dass sie nicht mehr lange zu leben hatte. Vor vielen Jahren, als ihre Mutter im Sterben lag, versprach sie ihr, das Geheimnis der Steine rechtzeitig an die jüngere Generation weiterzugeben. Da sie selbst keine eigenen Kinder hatte, musste sie sich etwas einfallen lassen.
(Gerda, 25)

Fortsetzung Seite 69

Bewegte Steine – Kreativität üben

Jeder Mensch kann kreativ sein

Kreativität ist weit mehr als nur künstlerisch-gestaltendes Schaffen. Es ist die grundlegende Fähigkeit, mit der der Mensch seine Umgebung gestaltet. Dabei geht es darum, Gegenstände und Sachverhalte in neuen Bezügen und auf originelle Art zu erkennen, Probleme in anderem Licht zu sehen, Perspektivenwechsel vorzunehmen und Lösungen abweichend vom gewohnten Denkschema zu finden. Um kreativ zu sein, braucht es spielerische und lustvolle Fantasie, eine gute Portion Neugier und Einfallsreichtum. Kreatives Denken und Handeln fordert und fördert die Entwicklung und Entfaltung der Potenziale im Menschen.

Pippi Langstrumpf, die alle als das einfallsreiche, mutige Mädchen kennen, hat Kompetenzen, von denen viele nur träumen können: Sie löst jedes Problem und zeigt dabei außerordentliche kreative Kompetenzen.

Gerade wenn es darum geht, ein schwieriges Problem zu lösen, scheint uns die Kreativität oft im Stich zu lassen, und wir sind blockiert. Die Macht der Routine und der festgefahrenen Strukturen, Gehorsamkeit und Unterordnung, Allwissenheitsanspruch der Fachleute und anderes hemmen die Kreativität. Durch Druck entsteht die Angst, Fehler zu machen, werden Widerstände gegen Neues geweckt.

Kreative Ideen sind heute in einer Zeit wachsender Komplexität in vielen Lebensbereichen unersetzlich. Wir geraten im Alltag oft in Situationen, die originelles und flexibles Denken und Handeln erfordern: etwa, wenn die Arbeit im Team in eine Sackgasse gerät, wenn ein unausgesprochener Konflikt mit der Kollegin angesprochen werden muss oder wenn ein neues Produkt entwickelt werden soll. Dann sind findige Köpfe gefragt, die sich etwas einfallen lassen.

Die Kreativitätsforschung geht davon aus, dass jeder Mensch kreativ sein kann. In welchem Maß jemand das eigene kreative Potenzial nutzt, hängt wesentlich mit der Persönlichkeitsstruktur und den Erfahrungen zusammen.

Gerade Kinder leben ihre kreativen Kompetenzen oft intensiv aus. Sie strotzen vor Einfallsreichtum und Lebenslust. Manch ein Erwachsener könnte da von ihnen lernen. Erlauben wir den kreativen Kompetenzen in der Kindheit sich zu entfalten und Gestalt anzunehmen, verkümmern sie auch im späteren Leben nicht.

Fantasie und Kreativität können gefördert werden, indem man neue Handlungs- und Denkweisen einübt. Voraussetzung ist, dass man nicht vorschnell kritisiert und urteilt, dass man neue Ideen zulässt und loslassen kann. Am besten kommen kreative Prozesse in einer möglichst bunt gemischten Gruppe in Gang.

Mit Steinen die Fantasie anregen

Um kreativ zu sein, muss sich die Fantasie lustvoll entfalten können. Dazu lassen wir uns von Steinen spielerisch anregen. Die unten beschriebenen Ideen können meist auch mit anderen Naturgegenständen ausgeführt werden.

Steinklänge

Zur Einstimmung auf eine gelöste und lockere Stimmung, die Fantasie zulässt, kann mit Steinen Musik gemacht werden.

Klingende Steine für ein gemeinsames Konzert im Bachbett.

Steine sind nicht stumm. Mit Steinen können Klänge erzeugt werden. Klingende Steine haben eine uralte Tradition. Beim Lithophon, einem großen Stein-xylophon, entstehen durch Anschlagen von massivem, schwerem Granit-, Marmor- oder Vulkangestein mit einem Gummihammer verschiedene Tonhöhen und Tonqualitäten. Dabei gilt: Große Steine klingen tiefer als kleine, kurze. Den Steininstrumenten lassen sich ganz besondere Töne entlocken. Sie lassen uns vor den Wundern dieser Erde erschauern.

Auch einfachen, kleineren Steinen können Klänge entlockt werden. Zum Einstimmen gibt die »Konzert-meisterin« mit zwei Steinen, die sie in den Händen hält, den Rhythmus vor. Die anderen übernehmen den Takt. Nach einer bestimmten Zeit kann der Rhythmus gewechselt werden.

Danach werden zu vorgegebenen Themen, wie Regen, Donner, Steinlawine, Steinkonzerte »geklopft«.

Navajo-Steintanz

Das folgende Steinspiel wurde bereits beim indianischen Navajo-Volk getanzt.

Alle knien im Kreis auf dem Boden und singen das Lied. Jeder Mitspielende hält einen Stein in der linken Hand, die Hände liegen bei Beginn des Singspiels auf den Oberschenkeln (linke Hand als Faust mit dem Stein, rechte Hand offen mit der Handfläche nach unten). Im Verlauf des Liedes werden bestimmte Bewegungen gemacht:

1/2   Mit beiden Händen zweimal auf die Oberschenkel klatschen.
3   Beide Hände vor sich auf den Boden legen.
4   Die Hände überkreuzen und den Stein in der linken Hand loslassen.

Navajo Stone Game

Heya heya eya heya a heya

heya heya eya heya a heya

Aus: Gerhard Lipold: Songs of the heart. Spirituelle Lieder und Mantras.

5 Die Hände sind wieder parallel vor dem Körper, den Stein mit der rechten Hand vom Boden aufnehmen.

6/7 Mit beiden Händen zweimal auf die Oberschenkel klatschen.

8 Den Stein in die geöffnete linke Hand des rechten Nachbarn legen. Selbst erhält man vom linken Nachbarn einen neuen Stein.

Um den Tanz einzuüben, empfiehlt es sich, die Bewegungen im halben Tempo, das heißt nach jeder halben Note zu machen.

Duftsteine

Beim kreativen, fantasievollen Schaffen können ätherische Öle unterstützend wirken.

Poröse Steine, wie zum Beispiel Tuffsteine, werden mit wenig ätherischen Ölen beträufelt. Dieselben Düfte können auch in einem Massageöl oder in der Duftlampe verwendet werden.

Tipp: Man kann auch aus Ton Duftsteine herstellen: Der Ton wird zu einem Würfel geformt und mit einem Korken eine Vertiefung eingedrückt. Nach Möglichkeit wird der Ton dann gebrannt. Das Tongefäß wird mit ätherischem Öl beträufelt und mit einem Korken verschlossen. Durch die Poren wird über längere Zeit der Duft abgegeben.

Duftöle haben unterschiedliche Wirkungen:
– Zitrone und Fichte (erfrischende Düfte) fördern Kreativität, Konzentrationsfähigkeit, Vitalität.
– Mandarine und Orange unterstützen bei kreativen Prozessen und wirken gleichzeitig beruhigend (u.a. für Zappelphilippe).
– Lemongrass und Pfefferminze lösen Blockaden, schaffen Vitalität, lassen die Energie fließen.

Düfte fördern die Kreativität.

Brainstorming

Mit einem Stein-Brainstorming kommen wir so richtig in Fahrt.

Zu zweit werden möglichst viele Wörter aufgeschrieben, in denen »Stein« vorkommt. Die Begriffe werden am Schluss in der großen Gruppe gesammelt und verglichen. Wie viele verschiedene Begriffe wurden insgesamt gefunden?

Ideensammlung

Steinmauer, Steintafel, Steinbruch, Steinobst, Steinbelag, Steindose, Steinbuch, Steinberg, Steintisch, Schornstein, Salzstein, Speckstein, Steinhöhle, Steinflug, Steinvase, Steintüre, Steinstuhl, Meilenstein, Steinkerze, Edelstein, Steinspiel, kleiner Stein, schwerer Stein, Hinkelstein, steinalt, Steinbrocken, Steinuhr, Glasstein, Steinwerkstatt, Feuerstein, Saphirstein, Wasserstein, steinern, Baustein, Steinplatten, Steinzeit, Steingrube, Steinlawine, Marmorstein, Steinschlag, Steinhauer, Weissenstein, Steinschrift, Winkelstein, Urstein, Romstein, Burgstein, Silberstein, Sandstein, Schieferstein, Steinwerk, Einstein, Backstein, Steinmosaik, Grabstein, Steinbock, Kieselstein, Lavastein, Ziegelsteine, Versteinerung, Steinrahmen, Steinmühle, Metallstein, Bernstein, Steinbucht, Steingeröll, Kornstein, Steinofen, Steinpulver, Steinmännchen, Steinschleuder, Steinmetz, Randstein, Steinbrunnen, Kristallstein, Steinplatte, Steintreppe, Steinmühle, Glücksstein, Wunderstein, steinig

Patrick, Noah, Mirjam, Sebastian, Dolores

Von Hinkelsteinen und Steinpilzen

Jemand wählt still für sich einen Begriff mit dem Wortbestandteil »Stein«, zum Beispiel Steinadler, Pflasterstein, Hinkelstein, Steinpilz, Steinbruch oder Steinzeit. Er oder sie macht eine erste kurze Angabe zum Begriff: »Mein Wort wird auch König genannt« (= Steinadler). Die anderen versuchen den Begriff zu erraten. Auf ihre Vermutungen darf nur mit Ja oder Nein geantwortet werden. Wird der Begriff nicht erraten, können zusätzliche, spezifischere Angaben zum gewählten Wort gemacht werden.

Fantasietiere

Steine werden als Fantasietiere bemalt. Wer hat die fantasievollsten Ideen?

Diese Fantasietiere brauchen noch viele Gefährten und Gefährtinnen.

Obststein und Co.

Zu welchen verschiedenen Verwendungszwecken kann
ein bestimmter Stein eingesetzt werden? Pro Begriff,
zum Beispiel Obststein, Backstein, Kieselstein, Pflasterstein, Ziegelstein, ganz flacher Stein, werden mindestens
zehn Möglichkeiten gesucht. Die Ideen müssen weder
klug noch umsetzbar sein. Sie werden aufgeschrieben.

Beispiel: Ein Ziegelstein kann benutzt werden
als Pflanzenteller, Zielscheibe, Regendach, Briefbeschwe-
rer …

Gemeinsam über Steine fantasieren

Eine Person legt in einen vorgegebenen Rahmen ein
fantasievolles Gebilde aus Steinen. Die Mitspielenden
erzählen dann, was ihnen beim Betrachten des Bildes
alles in den Sinn kommt: Woher kommen die Steine? Was
haben sie miteinander zu tun? Was könnte es darstellen?
Es gibt kein richtig oder falsch, alle Interpretationen
sind möglich!

Über Steine philosophieren

Können Steine glücklich sein? Können Steine fliegen?
Können Steine fühlen?
    Solche herausfordernden, nicht einfachen
Fragen können die Fantasie anregen. Sie fordern zu fantasievollen, kreativen Ideen heraus. Jeder Mensch
ist philosophisch begabt, wenn Raum und Muße dazu
vorhanden ist.

Was könnten diese Steinformen in der Natur darstellen?

Fantastische Steine

Steine, die durch Verwitterung zu verschiedensten
Formen und Gestalten gefunden haben, regen die
Fantasie an. Ähnlich wie man Wolkenbilder betrachtet,
kann man auch diese Steine betrachten und sich die

Jeder noch so unscheinbare Stein kann zu Kunstwerken in der Natur anregen.

verschiedensten Figuren ausdenken. Steine können nahezu jede Gestalt annehmen: ein versteinerter Kopf, eine Schildkröte, ein Seehund usw.

Beim Betrachten der Steinsgestalten wird frei erzählt, was einem in den Sinn kommt.

Die Steine können auch zum Sprechen gebracht werden, indem man Sprechblasen schreibt. Was haben die Steinformationen uns zu sagen?

Naturkunst

Mit Steinen und anderen Naturgegenständen können Kunstwerke in und aus der Natur gestaltet werden. Unzählige Varianten sind möglich, der Fantasie sind keine Grenzen gesetzt.

Steingeschichten erfinden

Von jeher haben Geschichten, Lieder und Erzählungen die Menschen begleitet. Das beruhigende Ritual des Geschichtenerzählens ist allen bekannt – ob am Lagerfeuer, in der Schule oder vor dem Einschlafen. Geschichten berühren die Herzen, die Bilder und Gefühle werden unbewusst mit dem eigenen Lebenskontext verbunden. Manchmal gelingen über Geschichten Einsichten, die plötzlich ein neues Licht auf einen Sachverhalt werfen und uns ein Leben lang begleiten können.

Es fällt Menschen leicht, Geschichten von Steinen zu erzählen. Jeder hat sie schon gesehen, berührt, gesammelt: den rund geschliffenen Stein im Flussbett, den grünen Stein an der Hausecke, den gefleckten Stein hoch oben auf dem Berg. Steine sind für Menschen oft Glücksbringer, Wegbegleiter, und sie erzählen Geschichten. Mit einer Handvoll Steinen und etwas Fantasie lassen sich die schönsten Geschichten spinnen.

Steine erzählen Geschichten

Wir suchen einen Stein, der uns besonders anspricht. Ein Stein kann reizvoll sein, weil er besonders groß oder schön ist, weil er vielleicht eine spezielle Form hat, weil er uns täglich auf dem Weg begegnet oder weil wir etwas ganz Besonderes mit ihm erlebt haben.

Wir betrachten den Stein gründlich und lassen uns Zeit dabei. Oft stellen wir mit Staunen fest, wie viele Eigenschaften uns jetzt an ihm auffallen. Der Stein kann stundenlang erzählen: Welche Geschichte erzählt er uns? Woran erinnert die Form des Steins? Was hat er schon alles erlebt? Wo könnte er schon überall gewesen sein? Was kann er besonders gut, und was kann er nicht so gut?

Mitten auf der Kiesbank erzählen sich die Kinder selbst erfundene Steingeschichten.

Geschichten

Der gewöhnliche Stein

Es war einmal ein Stein, der war sehr traurig. Weil er nicht sehr schön war, wurde er immer ausgelacht. Am liebsten wäre er verreist.

Eines Tages kam ein Junge und packte ihn in seinen Rucksack. Als er endlich wieder ausgepackt wurde, war er in einer Höhle mit vielen Goldsteinen. Und der Stein konnte es fast nicht glauben: Alle bestaunten ihn, weil er so schön grau war. Er war jetzt etwas ganz Besonderes. Als der Junge weiterziehen wollte, packte er ihn wieder in seinen Sack. Nun wusste der Stein, dass die Steine nicht überall gleich aussahen, und er freute sich schon auf die nächsten Begegnungen. Auf seiner Reise lernte er noch flache, glänzende Schiefersteine kennen und gesprenkelte Granitsteine. Am Schluss war er wieder dort, wo er vor seiner Reise viele Jahre gelebt hatte. Er war aber nicht mehr traurig, denn er wusste jetzt, dass er etwas ganz Besonderes war.

Matteo (10)

Geschichten

Der Sorgenstein

Vor einiger Zeit hat mich ein Mädchen in einer Felsspalte auf dem Gipfel eines Berges gefunden. Lange behielt sie ihr Geheimnis für sich. Doch eines Tages ...

... zeigte sie ihr Geheimnis ihrem besten Freund. Ihr Freund freute sich sehr und sagte: »Das ist aber ein schöner Stein!« Und das Mädchen sagte: »Ich weiß.« Nun gingen sie oft an ihren Platz unter der großen Buche und erzählten mir ihre Sorgen. Das machten sie fast jeden Abend.

Sie nahmen mich überall hin mit, in den Wald, auf die Wiesen, einfach überall. Irgendwann, als sie schon groß waren, fiel ich eines Tages aus der Hosentasche und kullerte die Schlucht hinunter. Sie waren sehr traurig. Doch sie fanden einen neuen Stein.

Severine (10)

Wie begann die Geschichte des Steins? Wie wird sie weitergehen?

Wir erzählen uns die Geschichten gegenseitig. In fantastischen Erzählungen werden Steine zu Persönlichkeiten.

Geschichten nach vorgegebenen Regeln erfinden

Spannende, selbst erfundene Geschichten können einzeln oder zusammen in der Gruppe erfunden und erzählt werden.

Von Räubern und Prinzessinnen

Eine angefangene Geschichte weitererzählen:
»Viele Winter und Sommer lebte ich mit meinen Artgenossen im Geröllfeld eines Berges. Eines Tages kamen Menschen mit großen Rucksäcken auf ihrem Rücken vorbei ...«

»Ein kleiner, freundlicher Mann mit einem großen Hut und einem langen Bart hat mich vor einigen Tagen auf einem Kiesweg gefunden und mitgenommen. In seiner Höhle braute er Zaubertränke. Eines Tages jedoch explodierte ...«

»Vor langer Zeit lebte ich auf dem Fenstersims einer Prinzessin. Noch heute rätseln die Menschen ...«

Von Steindeuterinnen und Quellen

Es wird eine Geschichte erzählt, in der folgende zehn vorgegebene Begriffe vorkommen müssen: Krone, Lederbeutel, Quelle, Steindeuterin, gezackt, unscheinbar, blau, murmeln, funkeln, singen.

Es kann natürlich auch eine bestimmte Anzahl von Begriffen selbst gewählt werden. Die Wörter werden auf kleine Karten geschrieben und in ein Gefäß gelegt (man kann dazu auch die Merkmalkärtchen vom Spiel

---

(Severine 10)

Der Sorgenstein

Vor einiger Zeit hat mich ein Mädchen in einer Felsspalte auf dem Gipfel eines Berges gefunden. Lange behielt sie ihr Geheimnis für sich. Doch eines Tages...

... zeigte sie ihr Geheimnis ihrem besten Freund. Ihr Freund freute sich sehr und sagte: ‹‹Das ist aber ein schöner Stein!›› Und das Mädchen sagte: ‹‹Ich weiss.›› Nun gingen sie oft an ihrem Platz unter der

Eine »einsame Insel« dient als Geschichtenplatz.

»Vielseitige Steine« verwenden). Interessant wird es dabei, wenn unübliche, geschlechtsuntypische Rollen eingebaut werden: mutige Prinzessin, ängstlicher Ritter, Räuberhauptfrau … Wer an der Reihe ist, zieht ein Kärtchen aus dem Gefäß. Reihum wird eine Geschichte erzählt.

Von Spinnrädern und Fäden

Jemand beginnt mit fünf bis sechs Sätzen eine Geschichte. Das Thema »Steine« soll dabei der rote Faden sein. Die nächste Person fährt weiter. Die Steingeschichte wird weitergesponnen, bis ein kleiner Fortsetzungsroman entstanden ist.

Steine in Märchen

Steine kommen häufig auch in Märchen vor. Sie erzählen von weisen Steinen, sie symbolisieren Unnachgiebigkeit oder berichten von versteinerten Ungeheuern … In der Geschichte von »Hänsel und Gretel« markierten die Kinder ihren Weg nach Hause mit Kieselsteinen. Auch in anderen Märchen wie »Das tapfere Schneiderlein« oder »Hans im Glück« sind Steine von Bedeutung.

Wir können selbst ein packendes Märchen schreiben. Am einfachsten geht es, wenn wir zuerst einmal die Spielorte, die Handlung und die Figuren aus-

Geheimnisvolle Steine in der Höhle des Räubers oder am Arbeitstisch der Zauberin?

wählen. Rund um dieses Grundgerüst werden dann möglichst viele Begriffe und Beschreibungen gesammelt. Um die Geschichte geheimnisvoll und zauberhaft zu machen, werden magische Orte wie Höhlen, dunkle Wälder und Schlösser gewählt. Kobolde, Feen und Zwerge tauchen auf, und auch Zaubersprüche oder Zaubermittel dürfen nicht fehlen.

Oft wird zuerst eine Ausgangssituation beschrieben, in der alles rund läuft. Danach erlebt die Heldin oder der Held eine schwierige Situation, und nun geht es darum, sich den Herausforderungen zu stellen, einen Ausweg oder die Erlösung zu suchen. Meist muss der Held oder die Heldin sein oder ihr Leben selbst in die Hand nehmen, häufig kommt aber auch jemand zu Hilfe. Und manchmal hat sie oder er auch ganz einfach Glück. Am Ende des Märchens steht dann die Lösung des Konflikts, das Märchen nimmt ein glückliches Ende, und das Böse wird bestraft. Das gibt das Vertrauen, dass auch im richtigen Leben alles gut wird.

Steine in Redensarten

Rund um das Wort Stein gibt es viele Redensarten und Sprichwörter, die von den Wesensarten von Steinen erzählen:

Jemandem einen Stein in den Garten werfen.

Steter Tropfen höhlt den Stein.

Mir fällt ein Stein vom Herzen.

Bei jemanden einen Stein im Brett haben.

Schlafen wie ein Stein.

Steine in den Weg legen.

Jemand ist steinalt.

Stein und Bein schwören.

Wer selbst im Glashaus sitzt, soll nicht mit Steinen werfen.

Einen Stein ins Rollen bringen.

Zum Steinerweichen weinen.

Meilensteine setzen.

Marmor, Stein und Eisen bricht, aber unsere Liebe nicht.

Jemand hat ein versteinertes Gesicht.

Der Stein des Anstoßes.

Steinreich sein.

Ein Herz aus Stein haben.

Es wird kein Stein auf dem anderen bleiben.

Auf diese Steine können Sie bauen!

Auch aus Steinen, die einem in den Weg gelegt werden, kann man Schönes bauen.

Es gibt Möglichkeiten für mich, gewiss, aber unter welchem Stein liegen sie?
Franz Kafka, Tagebücher, 1914

Ein rollender Stein gewinnt nicht an Masse, aber an Politur.
Oliver Herford

Am rollenden Stein wächst kein Moos.
Oskar Kokoschka

Wer kennt die Bedeutungen dieser Sprichwörter und Redensarten?

Geschichten

Teil 2

Tula schickte die drei Falken los und beauftragte sie, einen Menschen zu suchen, der sich mit Steinen schmückte. Die Falken suchten lange Zeit überall, in den Tälern und auf den Bergen. Erst als sie schon fast aufgeben wollten, hörten sie plötzlich von weither einen Gesang. Sie folgten der Stimme. An dem Ort angekommen, setzten sie sich in sicherer Entfernung auf einen Fels und lauschten. Erst am Mittag, als sich der singende Hirte niederlegte, um seinen Mittagsschlaf zu halten, wagten die Vögel, sich ihm zu nähern. Mit Freude sahen sie, dass der Hirte an einem Lederband um den Hals einen Stein trug. Sie hatten gefunden, wonach sie so lange gesucht hatten.

Sergio lebte in einem wilden Hügelland. Nach jedem Gewitter schwoll der Fluss zu einem gewaltigen Strom an und brachte tonnenweise Geröll aus dem Gebirge mit sich. Sergio war hier jeweils wochenlang als Hirte mit den Ziegen und Schafen allein unterwegs. Er war schlank und geschmeidig. An seinem Gürtel trug er ein scharfes Steinmesser. Über seiner Schulter hing meistens eine Steinschleuder, um damit wilde Tiere von seiner Herde fernhalten zu können. Um den Hals baumelte ein Stein in einer Form, die an eine Raubkatze erinnerte.

Seine einzige Beschäftigung während seiner langen Tage draußen war das Sammeln von Steinen. Er türmte sie auf. So standen auf der ganzen Weide riesige, kleine, wacklige und schräge Türme.

(Timo, 14)

Fortsetzung Seite 85

Erfinderische Steine – Steine helfen Ideen finden

Ideensuche

Oft kommen Ideen wie Blitze aus heiterem Himmel, unerwartet und unvorhergesehen, besonders dann, wenn wir nicht durch Stress, den Verstand und äußere Reize abgelenkt sind. Doch nicht immer kann man sich die Zeit lassen, auf originelle Eingebungen zu warten. Dann hilft das Wissen, dass sich Verstand und Intuition beim kreativen Schaffen nicht ausschließen, sondern sich sehr gut ergänzen können. Kreativität kann mit Hilfe von unkomplizierten Methoden gesteuert werden. Damit können systematisch Ideen oder Problemlösungen gefunden werden.

Ideenfabrik

Eine Ideenfabrik ist ein Ort, an dem systematisch und strukturiert Ideen entwickelt werden. Dabei werden sogenannte Kreativitätstechniken zur gezielten Erzeugung neuer Ideen benutzt, die jeder und jede lernen und anwenden kann. Am besten sind dabei durchmischte Teams, in denen verschiedene Blickwinkel einfließen (Firmenbesitzerin, Jugendliche, Lehrer usw.). Gerade auch Kinder und Jugendliche sind gefragt, um in einer Ideenfabrik Ideen zu produzieren. Häufig sind sie in ihren Gedanken noch freier und spontaner als Erwachsene.

Den roten Faden nicht verlieren

Ob ein Fest organisiert, ein Haus gebaut oder ein Kommunikationsproblem gelöst werden soll, entwickelt sich ein Projekt immer nach einem bestimmten Schema und in bestimmten »Lebensphasen«:

Nachdem das Thema beziehungsweise die Fragestellung klar formuliert ist, werden in der ersten Phase mit Hilfe von Kreativitätstechniken möglichst viele Ideen entwickelt. Damit der Ideenstrom so richtig in Gang kommt, braucht es manchmal zu Beginn noch Techniken zur Aktivierung der Fantasie (siehe auch »Mit Steinen die Fantasie anregen«, Seite 57ff.). Man sammelt ein Vielfaches an Ideen, die als mögliche Lösungen gebraucht werden können. Die gesammelten Ideen werden danach weiterverarbeitet. Durch neue Verbindungen und Verknüpfungen der Ideen können immer wieder neue Kombinationen entstehen.

Nach der Phase der Verarbeitung werden die Ideen gefiltert. Sie werden bewertet. Welche Ideen sind nützlich, originell, zweckerfüllend und realisierbar? Es werden erste Prioritäten getroffen und die Ideensammlung auf einige wenige Vorschläge reduziert.

Der Prozess der Ideensuche kann mit der Suche nach Edelsteinen verglichen werden. Zuerst wird Erdreich gesammelt, um danach die Edelsteine herauszusieben und zu sortieren. Die schönsten Steine werden ausgewählt und noch geschliffen. So entstehen aus viel Grundmaterial wenige, wertvolle einzelne Steine.

Ein Ideenbüro in der Schule oder im Quartier

Das Ideenbüro ist eine Anlaufstelle für Kinder und Erwachsene mit Fragen und Problemen. Freiwillige Kinderberaterinnen und -berater laden Fragestellerinnen und Ideensucher (Kinder oder Erwachsene) zum Gespräch ein. Mit Hilfe eines strukturierten Vorgehens werden gemeinsam Wege aus einer Notlage oder originelle Ideen gesucht. Gerade Kinder können anderen Kindern sehr gut zur Seite stehen. Aufgrund ihrer eigenen Erfahrung sind sie Expertinnen und Experten für die Probleme

Selbst erfundene Spiele werden ausprobiert.

Gleichaltriger oder Jüngerer und finden oft bessere Lösungen als Erwachsene.

Ein Ideenbüro kann so an einer Schule oder in einem Quartier eine Ventilwirkung haben. Es entlastet Kinder, Eltern und Lehrkräfte, ermöglicht ein gutes Klima und stärkt die Kompetenzen der Kinder, die andere beraten. Sie üben den Perspektivenwechsel, jede Meinung darf geäußert, jede muss angehört werden. Mit Ideen, die nicht den Konventionen entsprechen, tragen sie zu einem fantasievollen und wertfreien Klima bei.

Steinspiele entwickeln

Steinspiele werden in jedem Kulturkreis in einer Vielzahl von Varianten gespielt. Steine gehören zum ältesten Spielzeug überhaupt. Insbesondere Kinder benützen sie gerne zum Spielen, Werfen und Bauen. Viele Spiele sind auch in Vergessenheit geraten und machen, wiederentdeckt, noch genauso viel Spass wie früher.

Man kann auch selbst Steinspiele erfinden und ausprobieren. Dabei sind Fantasie, Kooperationsfähigkeit und die Bereitschaft, auf neue Ideen einzugehen, gefordert.

Die Spielideen werden, ausgehend von Erfahrungswissen und spontanen Eingebungen, ausschließlich intuitiv gefunden. Beim Spieleerfinden soll es darum gehen, Steine beim Spielen auf möglichst viele Arten näher kennenzulernen. Dabei sollen alle Sinne mit einbezogen werden.

Folgende Dinge sind zu entscheiden: Wie viele Steine werden für das Spiel benutzt (1, 3, 20 usw.)? Spielt man allein, zu zweit oder in einer größeren Gruppe? Die Ideen werden aufgeschrieben. Oft ergeben sich beim Spielen selbst wieder neue Steinspiele.

Steine werfen

Es spielen zwei Personen. Am Boden liegen in der Mitte zehn Steine. Die erste Person wirft einen Stein auf, nimmt im gleichen Moment einen aus der Mitte und fängt den anderen wieder auf. Wer das schafft, erhält einen Stein aus der Mitte.
Kaspar (7), Yannick (9)

Spickstein

Dieses Spiel wird am besten zu zweit gespielt. Die Steine werden wie unten auf einem Tisch aufgelegt:

Mit einem weiteren Stein versucht man nun, möglichst viele Steine von der Seite her zu treffen. Wer am meisten Steine vom Tisch wegspickt, hat gewonnen.

Lynn (9), Eliane (11)

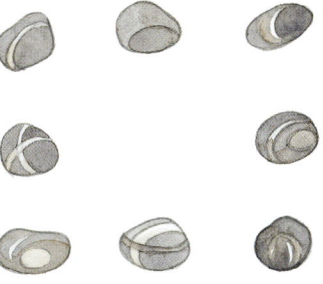

Steine erhalten
neue Gesichter.

Suchstein

Jeder nimmt einen Stein, der ihm besonders gut gefällt, und legt ihn unter ein Tuch. Dann muss jemand einen der Steine ziehen und herausfinden, wem der Stein gehört. Das Spiel macht am meisten Spass, wenn man es in der Gruppe spielt.

Conrad (11), Marco (10)

Wasserringe

Mehrere Steine werden kurz nacheinander in ein Wasserbecken geworfen. Die entstandenen Wasserringe ergeben lustige Formen. Mit etwas Fantasie können wir vielerlei Figuren sehen.

Melanie (13), Raffael (8)

Fehlender Stein

Die Gruppe bildet einen Kreis am Boden. In die Mitte werden sechs bis acht Steine gelegt, die alle ganz genau betrachten. Nun schließen die Spieler die Augen und die Spielleiterin nimmt einen der Steine weg. Wer findet heraus, welcher Stein fehlt? Der fehlende Stein soll möglichst genau beschrieben werden. Soll das Spiel noch schwieriger sein, kann eine größere Anzahl Steine in die Mitte gelegt werden.

Lea (12)

Steine bemalen

Steine können mit lustigen Figuren bemalt werden.

Moira (6)

Der Nächste wackelt ganz bestimmt!

Funktioniert die Idee des neuen Spiels?

Steinernes Mikado

Steine werden zu einem möglichst kompakten Haufen zusammengelegt. Der Reihe nach nehmen zwei bis vier Mitspieler so viele Steine wie möglich weg, ohne dass sich etwas bewegt. Hat sich ein Stein bewegt, kommt der nächste Spieler dran. Gewonnen hat, wer am meisten Steine gesammelt hat.

Luca (11), Nora (8), Oliver (7)

Muldenspiel

Es werden zwei Gruppen gebildet. Jede Gruppe sucht eine zuvor abgemachte Anzahl kleine Wurfsteine, die sich voneinander unterscheiden (z.B. schwarze und weiße). Nun wird eine Mulde gegraben und eine Wurflinie, etwa zehn Schritte vom Loch entfernt, bestimmt. Wer mit dem Stein in die Mulde trifft, bekommt einen Punkt für seine Gruppe.

Wer es noch etwas schwieriger machen will, legt um die Mulde Steine. Wer einen Stein des Muldenkreises wegpickt, verliert einen Punkt.

Laura (12), Tobias (13), Viviane (12)

Riesen-Mühlespiel

Auf den Boden wird ein Spielfeld gemalt. Es werden neun helle und neun dunkle Steine gesammelt. Abwechslungsweise wird je ein Stein gelegt. Sind alle Steine gesetzt, können sie verschoben werden. Gelingt es jemandem, drei Steine auf eine Linie zu setzen, kann dem Gegner ein Stein weggenommen werden.
Hat jemand nur noch zwei Steine, hat er verloren.

Sandra, Aurelia, Corinne (alle 11)

Steinpfad

Mit flachen Steinen wird ein Weg gebaut. Die Steinpfade können unterschiedlich schwierig gebaut werden. Mit nackten Füssen kann man nun über den Pfad laufen.
Anouk (8)

Stein auf Stein

Zwei bis vier Mitspieler legen sich jeweils einen Vorrat von zehn Steinen an. Ein Filzstück wird auf den Boden gelegt. Mit vier bis acht Steinen wird eine möglichst stabile Turmbasis gelegt. Jedes Kind legt nun reihum nach und nach seine Steine darauf. Ein Turm entsteht. Wenn Steine herunterfallen, muss diejenige die Steine zu sich nehmen, die als letzte gelegt hat. Wer zuerst seinen Steinvorrat aufgebraucht hat, hat gewonnen.
Oliver (11), Marco (10)

Himmelhüpfen

Mit Kreide wird ein Spielfeld auf den Boden gemalt. Jeder der zwei bis vier Spieler sucht sich einen Spielstein. Dieser Stein wird immer vom Start aus geworfen.

In der ersten Runde wird der Stein in das erste Feld geworfen und auf dem Rückweg wieder eingesam-

Welches ist wohl der geschickteste nächste Zug?

Wohin führt der Weg?

melt. In der zweiten Runde wird er dann vom Start aus ins zweite Feld geworfen usw. Trifft man nicht, ist der nächste Spieler an der Reihe.

In der ersten Runde muss man auf dem rechten Bein hüpfen, dann auf dem linken, dann rückwärts und zum Schluss mit verbundenen Augen usw.

In den breiten Spielfeldern landet man mit beiden Beinen, während man in den unterteilten Feldern mit gegrätschten Beinen landet.

Es können auch eigene Regeln abgemacht werden.

Mumi (9), Bastian (10)

Steinzeichnungen

Mit vielen verschiedenen Steinen werden Bilder gelegt.

Cécile (7), Noémi (7)

Es gibt genug Steine für tausendundeine Möglichkeit.

Systematisches Suchen von Ideen

Steine können helfen, aus »normalen« Denkmustern auszubrechen und Fragestellungen anders anzugehen. Sie können auf unterschiedlichste Weise zu einem originellen Ideenfindungsprozess oder für konkrete Fragestellungen auch zum systematischen Suchen von Ideen und Problemlösungen beitragen. Wer die verschiedenen Verfahren kennt, kann gut entscheiden, für welche Fragestellung welches Vorgehen am ehesten eingesetzt werden kann.

Beim Suchen von Ideen in Fragen des Alltags werden in einem ersten Schritt möglichst viele Begriffe gesucht; der Kreativität sind dabei keine Grenzen gesetzt. Die gefundenen Ideen werden laufend protokolliert und anschließend in einem weiteren Schritt sortiert und bewertet. Die »beste« Lösung wird schließlich ausgewählt.

Fragen im Alltag

Steindose

Beispiel für die Fragestellung: Welcher Name könnte einem neu gestalteten Platz in der Stadt gegeben werden?

Innerhalb kurzer Zeit nennen Teilnehmende möglichst viele Ideen, die ihnen dazu in den Sinn kommen. Damit es gelingt, möglichst viele Ideen zu sammeln, wird eine Steindose aufgestellt, die gefüllt werden muss. Die Ideensammlung hört erst auf, wenn die Dose voll ist. Alle Ideen (auch unmögliche) werden gesammelt. Fragen, Kommentare oder Kritik sind verboten. Die Mitspielenden lassen sich von Ideen anstecken; Kombinieren von Ideen ist erlaubt. Jemand wird bestimmt, die Ideen aufzuschreiben.

Die Ideen gehen (fast) nie aus.

Stone Towers

Beispiel für die Fragestellung: Wie könnte man erreichen, dass mehr Gäste an ein Schulfest kommen?

In der Gruppe werden jeweils zu zweit mit Hilfe von stapelbaren Steinen (z.B. Pflastersteine) und Papierkärtchen möglichst viele Ideen gesammelt. Jedes Kärtchen mit einer Inspiration wird mit einem Stein beschwert. Die Steine werden samt Kärtchen übereinander gestapelt. Nach fünf Ideen beziehungsweise sechs aufgestapelten Steinen wird ein neuer Turm begonnen. Nach einer bestimmten Zeit wird die Suche abgebrochen. Wer die meisten Türme errichtet hat, gewinnt den Ideenwettbewerb.

Da kommen bestimmt noch ein paar Türme hinzu.

Gedankenreisen

Beispiel für die Fragestellung: Wie könnte ein Ausflug mit dem Arbeitsteam originell gestaltet werden?

Gedankenreisen verführen in die Welt der Fantasie. Jemand aus der Gruppe erzählt während etwa einer Viertelstunde eine Fantasiereise, bei der Steine eine zentrale Rolle spielen. Die Geschichte wird bei bestimmten Stationen, die die Erzählende vorgibt, immer wieder kurz unterbrochen. Gedanklich begeben sich die Zuhörenden dann in diese Situationen oder an diese Orte und schreiben ihre Einfälle zur Fragestellung auf. Fantasiereisen werden begonnen mit: »Stell dir vor, du wärst ...«

Stell dir vor, du wärst ein großer, uralter, von Moos überwachsener Stein, der behaglich am Rand einer Waldlichtung steht. Vor vielen Jahrtausenden wurdest du vom Gletscher aus den weit entfernten Bergen hierher gebracht. Meist ist es still in deiner Welt, nur ab zu siehst du ein paar Menschen, die durch den Wald pirschen. Am liebsten magst du den Frühling, wenn die Rehkitze auf die Wiese kommen und du sie beobachten kannst. Doch eines Tages wird der Wald von einem fürchterlichen Lärm erschüttert. Ein Bagger fährt durch den Wald und kommt zu deinem großen Schrecken direkt auf dich zu. Bauarbeiter legen Seile um dich und laden dich in die Baggerschaufel. Eine lange Reise voller Unbekanntem beginnt ... und völlig durchgeschüttelt wirst du endlich vor einem Haus abgesetzt. Du wirst vom Moos befreit, Kanten werden geschliffen und erst am nächsten Tag bemerkst du, dass viele Menschen an deinem neuen Standplatz vorbeikommen und dich bewundern. Manche versuchen sogar, auf dir herumzuklettern. Die Ruhe des früheren Lebens kehrt jetzt zwar nur nachts zurück, doch im Laufe der Jahre lernst du dein neues Leben auch zu schätzen.

Was siehst du?

Sandkleber

Beispiel für die Fragestellung: Welches Logo oder welchen Schriftzug könnte sich ein neuer Fahrradreparaturdienst geben?

Als Grundlage dient ein weißes Blatt Papier, dessen Größe je nach Aufgabenstellung angepasst werden kann. Ein Spieler schließt die Augen und zeichnet mit einem transparenten handelsüblichen Flüssigleim ein Muster auf das Blatt Papier. Dann öffnet er die Augen und verteilt über die entstandene »Leimzeichnung« feinen Sand. Welche Visionen und Ideen entstehen daraus in Hinblick auf die Fragestellung?

Stone Puzzle

Beispiel für die Fragestellung: Welches originelle Geburtstagsgeschenk könnte ich meiner Freundin schenken?

Ein großes Blatt Papier wird auf den Boden gelegt. Man nimmt einige Kieselsteine in die Hand und lässt sie aufs Papier fallen. Daraus ergibt sich ein Muster. Mit einem Stift werden nach Ermessen der ausführenden Person die Steine miteinander verbunden; es können runde, eckige, aber auch ganz skurrile Formen gewählt werden. Man kann die Steine mehrere Male werfen. Welche neuen Ideen entstehen dabei?

Brain Shaping

Beispiel für die Fragestellung: Wie könnte ein neues Zimmer eingerichtet werden?

Zu zweit werden aus Ton mögliche Gestaltungen modelliert. Nach Beendigung der vorgegebenen Zeit (10–15 Minuten) werden die Ideen auf Zetteln mit den Namen beschriftet und in der großen Gruppe präsentiert.

Soziale Fragestellungen

Steine können auch beim Lösen sozialer Problemstellungen hilfreich sein. Die gefundenen Möglichkeiten werden aufgeschrieben und in einem weiteren Schritt sortiert und bewertet. Die »beste« Lösung wird schließlich ausgewählt. Wer mag, kann mit Stein-Smilies beurteilen, ob die Frage befriedigend geklärt wurde.

Stein-Stellungen

Beispiel für die Fragestellung: Was kann jemand unternehmen, der sich in einer Gruppe nicht wohl fühlt?

Steine können als Identifikationssymbole verwendet werden. Damit können Problemstellungen und -lösungen visualisiert werden. Steine in verschiedenen Anordnungen regen dazu an, sich selbst und die Welt zu erkennen, über eigene Erfahrungen nachzudenken und zu sprechen. In einem ersten Schritt wird die Ausgangslage mit selbst gewählten Steinen dargestellt. In einem zweiten Schritt werden die Steine so neu gelegt, damit sich die Situation positiv verändert. Es können verschiedene Lösungsideen ausprobiert werden.

Welche weiteren Lösungen gibt es noch?

Sandbilder

Beispiel für die Fragestellung: Jemand ist unzufrieden bezüglich seiner Work-Life-Balance (Arbeit–Beruf–Familie oder Schule–Freizeit). Wie können die verschiedenen Bereiche besser aufeinander abgestimmt werden?

Der Person steht ein kleiner »Sandkasten« zur Verfügung. Nun wird die Fragestellung durch Formen des Sandes neu überdacht. Dabei können für jeden Bereich Sandberge entstehen, in Sand gezeichnete Formen usw. Es werden verschiedene Bilder ausprobiert.

Steinschlange

Beispiel für die Fragestellung: Die Kinder wollen abends nicht ins Bett. Was kann die Familie tun?

Ein Vorrat an Steinen in verschiedenen Größen (von klein bis groß) wird bereitgelegt. Nun wird

Steinschlange. Wie viele weitere Möglichkeiten finden wir noch?

die Fragestellung formuliert: »Auf welche Weise könnten wir ...?«

Eine Person äußert eine erste Idee und legt einen ersten kleinen Stein. Die nächste Person ist aufgefordert, einen etwas größeren Stein neben den ersten zu legen. So verfährt man weiter, bis eine Steinschlange aus mindestens zwanzig Steinen entstanden ist. Eine Menge an möglichen Lösungen kann so erarbeitet werden.

Schiefer Turm

Die Ausgangssituation wird auf witzig-provokante Weise überzeichnet. Die Frage kann zum Beispiel umgekehrt formuliert werden, denn oft ist es leichter, vom Gegenteil ausgehend kreative Lösungsansätze zu finden. Die Verfremdung und Übertreibung zeigt eingefahrene Sichtweisen auf, lockert, gibt Distanz zum Problem, setzt Kreativität frei und lässt konstruktive Lösungsansätze entstehen.

Beispiel für die Fragestellung (Umkehrung): Was kann unternommen werden, damit die Stimmung in der Gruppe noch schlechter wird?

Mit Steinen bauen nun alle zuerst möglichst viele unterschiedliche Steintürme (stabil, groß, klein, wacklig, farbig usw.). Anschließend werden in der Gruppe die Türme beschrieben. Mit Hilfe der symbolischen Türme werden Lösungen in Hinblick auf die (umgekehrte) Fragestellung gesucht. Jeder Turm stellt eine Lösungsvariante dar.

Z.B. stabiler Turm: Damit das Klima sich verschlechtert, unternehmen wir nichts.

Z.B. großer Turm mit wackligem Mittelstein: Die Person, die am wenigsten zu uns passt, wird ausgeschlossen.

Beim Umkehren der Fragestellung werden erst am Schluss die Lösungsvorschläge umformuliert.

Skurrile schiefe Türme regen zum Ausprobieren an.

Reiz-Steine

Unterschiedliche Eigenschaften der Steine dienen als Anreize für fantasievolle Ideen.

Beispiel für die Fragestellung: Welche Möglichkeiten gibt es, um mit der Hausabwartin weniger oft Streit zu haben?

Es werden in Form, Farbe, Gewicht, Größe usw. möglichst unterschiedliche Steine gesammelt. In einem ersten Schritt betrachtet man sich die Steine ganz genau. Die Steine geben uns »Reizbegriffe«, die beim anschließenden Suchen von Ideen hilfreich sind. Alle genannten Begriffe werden jeweils auf ein Kärtchen aufgeschrieben: Eigenschaften, die die Steine charakterisieren: glänzend, rund, eckig, schön, hässlich, transparent usw.

Empfindungen, die die Steine beim Betrachten auslösen, z.B.: Dieser Stein weckt Feriengefühle. Er erinnert mich an einen Streit. Er bewirkt, dass ich mich wohl fühle.

Es werden Wörter gesucht, in denen »Stein« vorkommt oder die etwas mit Steinen zu tun haben. Zu jedem der Begriffe werden dann charakteristische Merkmale gesucht. Beispiel: »Steinhaus« wird charakterisiert mit sturmsicher, gemütlich, schief, modern.

Zufällig werden dann aus den Kärtchen drei Begriffe ausgewählt. Zwischen den aufgeschriebenen Merkmalen, die als Reizwörter dienen, und der Fragestellung werden nun Verbindungen hergestellt und damit Lösungsmöglichkeiten aufgezeigt. Die Ideen werden gesammelt. Hinterfragen oder korrigieren gilt auch hier nicht.

Zauberstein

Um Fragen oder Probleme zu lösen, ist es häufig sehr hilfreich, seine eigene Position und damit die Perspektive zu verändern. Wir nehmen einen speziellen Stein zu Hilfe, um uns zu verwandeln, sei es in eine andere Person, ein Tier oder einen Gegenstand.

Beispiel für die Fragestellung: Welche Möglichkeiten gibt es, damit Geschwister freundlicher und wohlwollender miteinander umgehen?

Ein Stein wird ausgewählt und als sogenannter Zauberstein bezeichnet. Er kann bemalt oder dekoriert werden oder naturbelassen bleiben. Wer den Stein in den Händen hält, verwandelt sich in eine von ihm gewählte Person, ein Tier oder einen Gegenstand. Die aktuelle Fragestellung oder der Konflikt wird nun aus der Sicht der verwandelten Rolle beschrieben und Lösungsmöglichkeiten aufgezeigt. Wer keine Ideen mehr hat, gibt den Stein weiter.

Gesprächssteine

Steine helfen, in gegenseitiger Wertschätzung und Toleranz ein Gespräch zu führen. Alle Beteiligten sollen dabei ihre Gefühle ansprechen, statt sie zu unterdrücken.

Beispiel für die Fragestellung: Was kann unternommen werden, wenn Kinder sich von der Lehrperson ungerecht behandelt fühlen?

Auf flache Steine werden Smilies mit mindestens zehn verschiedenen Gefühlsausdrücken gemalt. Im Kreisgespräch, in dem der Konflikt besprochen wird, wählt jede Person, bevor sie spricht, jenen Stein aus, der ihrer momentanen Befindlichkeit entspricht. Nach ihrer Wortmeldung beschreibt sie ihre Stimmung wiederum mit einem Smilie. Reihum beschreiben so alle ihre Sichtweisen und möglichen Lösungsansätze. Am Schluss kann mit den Smilies noch eine Runde zur Rückmeldung gemacht werden.

Steinlabyrinth

Beispiel für die Fragestellung: Jemand steckt in einem Dilemma. Welche Entscheidung soll getroffen werden?

Nach einem vorgegebenen Muster wird mit Steinen ein Labyrinth im Gras oder auf einem Platz ausgelegt.

Das Labyrinth ist gut überschaubar – der Weg erscheint unerwartet lang.

Die Spielenden gehen nun durch das Labyrinth, vom Eingang zum Ziel und wieder zurück, und befassen sich dabei an verschiedenen Punkten mit ihrer Frage.

Vor dem Beschreiten des Labyrinths werden die einzelnen Fragen, die beantwortet werden sollen, möglichst genau formuliert. So viele Fragen, so viele Steine nimmt man mit auf seinen Weg durchs Labyrinth.

Beim Legen eines Labyrinths sind Teamarbeit und räumliches Vorstellungsvermögen gefragt.

Die Fragesteine werden auf dem Hinweg gesetzt. Auf dem Rückweg aus dem Labyrinth heraus werden an den gekennzeichneten Punkten die einzelnen Fragestellungen beantwortet und die Lösungssteine wieder mitgenommen. Welche Lösungsmöglichkeiten zeigen sich?

Natürlich macht es auch Spass, das Labyrinth einfach so zu durchlaufen.

Steinernes Versprechen

Beim Entscheid, welche Lösungen für eine Frage-stellung gewählt werden, sollen die neuen Handlungs-möglichkeiten auch verbildlicht werden. Damit fällt es einfacher, sie umzusetzen.

Ein großer Teller mit Sand wird bereitgestellt. Alle Beteiligten suchen einen Stein, der den jeweiligen Beitrag zur Problemlösung versinnbildlicht. Jede Person legt den Stein in den Sand und erklärt seine Absicht. Anhand dieser symbolischen Darstellung kann nach einer be-stimmten Zeit überprüft werden, ob sich auch alle an die neuen Abmachungen halten.

Beispiel: Sandrine setzt einen Stein und verpflichtet sich, Anna in Zukunft zu unterstützen, wenn Streit aus-bricht. Anna setzt einen kleinen Steinkreis und symbolisiert damit, dass sie versuchen wird, in der Gruppe mitzuspielen und sich nicht abzusondern usw.

Symbolische Darstellung einer gemeinsam erarbeiteten Lösung.

Symbolischer Irrgarten

Das Labyrinth ist ein Symbol für den Lebensweg des Menschen. Es enthält die Lebensthemen, die Schwierig-keiten und zeitlose Weisheiten. Das Suchen der Mitte ist durch die verschlungenen Wege in einem Labyrinth erschwert.

Auf dem langen Weg zur Mitte lässt das Labyrinth den eigenen Gedanken Zeit und Raum. Es regt an, über sich selbst und das Leben nachzudenken. Wer ein Labyrinth betritt, befindet sich schnell in den Wirrungen des Weges. Unsicherheit entsteht, ob der richtige Weg eingeschlagen wurde. Das Ziel in der Mitte bleibt aber immer vor Augen. Auf dem Weg zum Ziel kann man jedoch nichts überspringen.

In vielen Kulturen sind Labyrinthe seit Jahr-tausenden bekannt, und häufig hatten sie eine ähnliche Symbolik. Auf kleinem Raum sollte ein schwieriger und langer Weg zurückgelegt werden. In Sagen und Mythen musste ein Held häufig ein Labyrinth durchwandern, um ein Ziel zu erreichen. Das Symbol des Labyrinths spielt auch in der griechischen Sage des Minotaurus eine zentrale Rolle. Der Held Theseus musste den in einem Labyrinth eingeschlossenen Minotaurus, der halb Stier

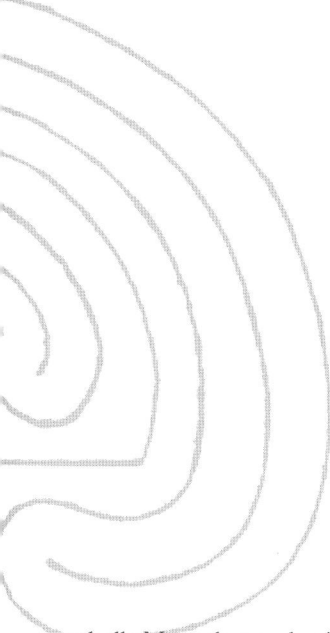

halb Mensch war, besiegen. Dies gelang ihm mit Hilfe von Ariadne. Mit dieser Mutprobe befreite er die gefangenen griechischen Jünglinge und Jungfrauen.

Abenteuerliche Geschichten ranken sich um die ins Ungewisse führenden Wege. Sie erzählen vom Suchen, von Tod und Geburt. In Kirchen wurden Labyrinthe in Fußbodenmosaiken dargestellt. In Skandinavien wurden sie häufig als aneinandergereihte Steine im Freien ausgelegt. Labyrinthe dienten auch als Ersatz für Pilgerfahrten. Gläubige durchwanderten Labyrinthe in der Kathedrale auf den Knien im Gebet.

Weltweit finden sich verschiedenartige Formen von Labyrinthen, gebildet durch Hecken oder Mauern. In ihrer Grundform sind viele jedoch immer wieder ähnlich konstruiert. Bei einer der ursprünglichen Varianten werden spiralartig Wege um ein Achsenkreuz herum konstruiert. Die Zeichnung auf Seite 83 entstand nach einem Muster eines berühmten Labyrinths auf der Insel Kreta. Auch heute finden wir noch Labyrinthe, sei es in alten Gartenanlagen aus dem Barock und Rokoko, als Irrgärten aus gestutzten Hecken gebildet oder neu angelegte Labyrinthe im Maisfeld. Bereits Labyrinthe aus Kieselsteinen motivieren groß und klein, ihren Weg zu suchen.

Geschichten

Teil 3

Als Sergio erwachte, stellte er sogleich fest, dass der Stein, den er um den Hals getragen hatte, weg war. Er suchte überall, doch er war nirgends zu finden. Er rätselte lange über das sonderbare Verschwinden. Den ganzen Tag hatte er nämlich keine Menschenseele gesehen. Er erinnerte sich undeutlich an die Falken, die in der Nähe gewesen waren. Er konnte sich jedoch nicht vorstellen, dass sie die Übeltäter gewesen sein könnten.

Er war sehr betrübt und empfand seine Einsamkeit noch viel stärker als sonst. Seine Traurigkeit verwandelte sich plötzlich in Wut über sein Schicksal. Nach alter Familientradition suchte er jetzt einen Wutstein, der ihm helfen sollte, seine Wut verrauchen zu lassen. Als er einen geeigneten Stein sah, bückte er sich und nahm den Wutstein auf. Er musste ihn so lange anschauen, bis darin das Gesicht desjenigen erschien, auf den er eine Mordswut hatte. Er musste sich seine Wahl genau überlegen, denn er erinnerte sich gut, dass nur ein Wutstein versenkt werden durfte; sonst würde er seine Kraft verlieren. Wieder einmal erinnerte er sich an seinen Onkel, der entschieden hatte, dass er sein Leben als einsamer Hirte zu fristen hatte. Und dann holte Sergio weit aus und schmiss den Stein mit dem imaginären Kopf in den Fluss.

(Katharina, 49)

Fortsetzung Seite 97

Mit Steinen Rollen erproben

Vielseitige Erfahrungsspielräume

Jungen und Mädchen, Männer und Frauen bringen unterschiedliche Voraussetzungen, Erfahrungen und Potenziale mit. Bei deren Ausgestaltung spielen genetische Bedingungen ebenso eine Rolle wie die Sozialisation.

Jungen und Männer haben häufig eine gesunde Portion an Durchsetzungsfähigkeit, Direktheit, Bereitschaft, eigene Interessen zu wahren, Ziel- und Leistungsorientiertheit sowie Risikofreude. Hinter ihrer »Coolness« steckt jedoch oft Unsicherheit und die Bereitschaft zu Aggression. Jungen beanspruchen in Gruppen wesentlich mehr Raum (aktives Teilnehmen, aber auch störendes Verhalten) als Mädchen und fühlen sich sogar dann benachteiligt, wenn sie genau gleich berücksichtigt werden wie Mädchen. Mädchen und Frauen zeichnen sich oft durch soziale Stärken wie Rücksichtnahme, Empathie, Kommunikations- und Kooperationsfähigkeit aus. Oft fehlt es ihnen jedoch an Durchsetzungsfähigkeit und Bereitschaft zum Risiko.

In der Folge wird hauptsächlich von typischen geschlechtsspezifischen Verhaltensweisen ausgegangen. Diese dürfen jedoch nicht als geschlechtsstereotype Zuordnungen verstanden werden. Es darf nämlich nicht vergessen werden, dass Menschen auch immer wieder vom typischen Geschlechtsmodell abweichende Wesenszüge und Verhaltensweisen aufweisen und auch darin wahrgenommen und ernst genommen werden wollen.

Es ist wichtig, sich bereits im Schulalter mit den Geschlechterrollen auseinanderzusetzen, um auch als Erwachsene bewusst und vertraut mit seinen Potenzialen und Defiziten zurechtzukommen. Um die eigenen Potenziale zu entfalten und zu erweitern, Vertrauen in die eigenen Stärken zu gewinnen und auch ihre Schwächen zu erkennen, brauchen Mädchen und Jungen eine spezifi-sche Förderung. Bei ausgewählten Themen macht es daher Sinn, dass Jungen und Mädchen, Frauen und Männer ihre eigenen geschlechtsspezifischen Aktivitäten ausleben und ihre eigenen Räume schaffen können.

Die Unterschiedlichkeit der typisch männlichen und typisch weiblichen Merkmale ist aber auch eine Chance, die eigene Palette zu erweitern und voneinander zu lernen, wodurch das gegenseitige Verständnis gefördert wird. Im Spiel mit neuen Rollen lassen sich unterschiedliche Erfahrungsräume nutzen, dabei eigenes und fremdes Erleben und Verhalten bewusster kennenlernen, verschiedene Positionen und Sichtweisen einnehmen und Situationen aus vielseitigen Perspektiven durchspielen. Die neuen Erfahrungen unterstützen dabei, sich weniger an den starren Rollen von Weiblichkeit und Männlichkeit zu orientieren. Durch die Erweiterung des Erfahrungsspielraums wird das Selbstvertrauen und Selbstbewusstsein gestärkt.

Steinespiele können zu einem bewussteren Umgang unter den Geschlechtern anregen und das Vertrauen in die eigenen Fähigkeiten stärken. Es werden neue, ungewöhnliche Rollen ausprobiert. Auch wenn in der Folge hauptsächlich von Mädchen und Jungen die Rede ist, gilt dies gleichermaßen auch für Erwachsene.

Selbstbewusst und empfindsam

Vom »typischen« Jungen lernen

Jungen fällt es oft leichter, sich Gehör zu verschaffen und die eigenen Ideen kundzutun. In den folgenden Spielaktionen lernen Mädchen spielerisch, sich mutig und lustvoll durchzusetzen, sich im Wettkampf zu messen, eigene Ziele und Interessen anzusteuern, Durchhaltevermögen zu zeigen, verschiedene Strategien auszuprobieren, etwas zu wagen, um zu gewinnen, den Mut, auch Fehler zu machen und eine eigene Meinung zu vertreten.

Rollentauschen macht Spass.

Störenfriede

Die Mädchen stecken ein Spielfeld ab. An der Startlinie werden den Jungen Steine verteilt. Sie müssen nun versuchen, die Steine an das andere Ende des Spielfelds zu bringen; die Steine dürfen nicht geworfen werden. Auf dem Spielfeld spielen die Mädchen die Störenfriede. Sobald sie einen Jungen mit Tannzapfen oder kleinen Bällen getroffen haben, müssen die Getroffenen zurück an die Startlinie.

Zielorientiert

Im Gelände wird ein Zielstein hingelegt. Rund um diesen Stein werden mit Naturmaterialien zwei bis drei konzentrische Kreise markiert. Von einer Startlinie aus versucht jedes Kind mit einem mittelgroßen Kieselstein möglichst nahe dem Zielstein zu treffen. Ein Stein kann von einem anderen Stein auch aus dem Zielkreis herausgespickt werden. Die Jungen spielen zuerst. Die Mädchen versuchen dann die Jungen zu übertreffen. Die Gruppe, die am Schluss die meisten Steine am nächsten beim Ziel hat, gewinnt.

Risikofreudig

Eine Startlinie und eine Ziellinie werden mindestens zehn Meter voneinander entfernt markiert. Die Spielenden nehmen jeweils drei flache Steine, legen diese, an der Startlinie beginnend, einen nach dem andern auf den Boden und bewegen sich darauf wie auf einem Pfad vorwärts. Wer wagt das Risiko, große »Schritte« zu machen? Wer einen Fuß neben einem Stein auf den Boden setzt, beginnt wieder vorne.

Steinmarketing

Wer eine Idee »verkaufen« will, muss selbst davon überzeugt sein. Ist dies nicht der Fall, ist es schwierig, andere vom Nutzen des Angebots zu überzeugen.

Mit Mut große Schritte wagen.

Mädchen wählen drei Steine aus, die sie ganz besonders ansprechen. Sie schreiben einen Katalog von Merkmalen auf, die ihren Stein einzigartig machen. Die Mädchen versuchen nun, die Steine überzeugend »zu verkaufen«.

Absturzgefahr

Holzäste werden in den Boden gesteckt und dann Steine daraufgelegt. Wie stabil sind die Kunstwerke? Mit etwas Mut zum Risiko entsteht ein ganzer künstlicher Steinwald. Mit jedem Scheitern werden wieder neue Erkenntnisse für die Weiterarbeit gewonnen.

Vom »typischen« Mädchen lernen

Mädchen fällt es meist leichter, ihren Gefühlen und Empfindungen Ausdruck zu verleihen. Sie zeigen oft ausgeprägt kooperative Fähigkeiten. Bei den folgenden Spielen lernen Jungen, Gefühle differenzierter wahrzunehmen und auszudrücken und ihre Kooperations- und Kommunikationsfähigkeiten auszubauen.

Wer kommt dem Ziel am nächsten?

Steinsmilies

Auf die Rückseite von Steinen werden mit Tusche oder Filzstift Gesichter mit verschiedenen Gefühlsausdrücken aufgemalt; der gleiche Ausdruck wird jeweils identisch auf zwei Steine gemalt, zum Beispiel:

– Stein, der sich freut
– Stein, der sich ekelt
– Stein, der Angst hat
– Stein, der gestresst ist
– Stein, der stolz ist
– Stein, der sauer ist
– Stein, der sich wohl fühlt
– Stein, der wütend ist
– Stein zum Ja sagen
– Stein zum Nein sagen usw.

Die Steine werden nun wie beim Memoryspiel gemischt und umgedreht ausgelegt. Der Reihe nach wird nun nach identischen Paaren gesucht. Jedes kann pro Mal zwei Steine umdrehen. Sind diese identisch, nimmt der oder die Spielende sie vom Spielfeld und kann dann noch einmal spielen.

Sich einfühlen

In der Gruppe werden zehn verschiedene Gefühlsausdrücke definiert. Jede Person malt sich mit Tusche oder Farbe ein Set mit zehn Gefühlssteinen, die diesen Gefühlsausdrücken entsprechen.

Variante 1

Jemand in der Runde wählt eine Frage oder eine Situation aus der Liste der Gefühlsfragen rechts aus oder erfindet selbst eine Fragestellung. Alle anderen legen verdeckt den Gefühlsstein hin, der ihrem Gefühl in Bezug auf diese Frage entspricht. Ein Junge versucht zu erraten, welche Gefühle die anderen gewählt haben. Jede richtige Lösung ergibt einen Punkt.

Die Jungen spielen ein Memory »mit Gefühl«.

Steinsmilies. Auf zwei Steine wird derselbe Gefühlsausdruck aufgemalt.

Variante 2

Jemand wählt wiederum eine Fragestellung aus. Alle anderen legen verdeckt den Gefühlsstein hin, von dem sie annehmen, dass die Fragestellerin ihn gewählt hat. Die Fragestellerin, deckt danach ihren Stein auf. Jede richtige Lösung ergibt einen Punkt.

Welche Ausdrücke können Steine annehmen?

Gefühlsfragen:
Wie fühle ich mich,
– wenn mich jemand anlügt?
– wenn ich vor einer schwierigen Aufgabe stehe?
– wenn ich das erste Mal etwas allein tun muss, das ich nicht kenne?

– wenn ich eine gute Nachricht erfahre?
– wenn ich unbedingt etwas erreichen will?
– wenn etwas Unerwartetes passiert?
– wenn ich mit einer gefährlichen Situation konfrontiert bin?
– wenn jemand sich über meinen Kollegen lustig macht?

– wenn ich eine schlechte Nachricht erfahre?
– wenn mir etwas gelingt, das sehr schwierig war?

Steinreihe

Entsprechend der Anzahl der Teilnehmenden werden unterschiedlich große Steine zusammengetragen. Die Spielenden erhalten jeweils einen Stein, den sie gut sichtbar in die Hand legen müssen. Die Aufgabe ist nun, sich möglichst schnell nach der Steingröße einzureihen. Es darf dabei nicht gesprochen werden. Wie können sie sich verständigen und herausfinden, wo die Reihe beginnt und wo sie aufhört?

Bilder bauen

Es werden gemeinsam nach unterschiedlichen Vorgaben Steinbilder gebaut.

Variante 1

Gegensätze können vereint werden. Mädchen und Jungen sammeln möglichst gegensätzliche Steine (z.B. helle und dunkle Steine oder runde und eckige Steine oder große und kleine Steine). Dann legen sie gemeinsam ein Bild zu einem zuvor abgesprochenen Thema. Die unterschiedlichen Farben oder Formen gehen dabei ineinander über.

Variante 2

Es wird ein Platz ausgewählt und die Größe des gemeinsamen Steinbilds bestimmt. Dazu kann mit Steinen ein Rahmen gelegt werden, oder ein Tuch am Boden dient als Hintergrund. Inhalt und Titel werden nicht abgesprochen. Jedes beginnt mit dem Steinelegen in einer anderen Ecke des abgesteckten Rahmens. Schließlich wird versucht, die einzelnen Bildsujets zu einem Ganzen zusammenzufügen. Ein gemeinsamer Titel wird gesucht.

Miteinander machts mehr Spass!

Miteinander lernen

Mädchen und Jungen arbeiten zusammen. Dabei kann man die eigenen Denkweisen und Wertvorstellungen besser kennenlernen, neue Rollen ausprobieren, sich mit geschlechtsstereotypen Zuordnungen auseinandersetzen. Trotz und gerade dank vieler Unterschiede kann durch gegenseitige Ergänzung eine wertvolle Zusammenarbeit entstehen.

Sprechstein – Schweigestein

Beim Aushecken von Projekten braucht es immer auch Zeit, ein gemeinsames Ziel und Vorgehen zu finden.

Gesprächsrunden, beispielsweise bei der Planung eines gemeinsamen Projekts, können mit einem Sprech- und Schweigestein geregelt werden. Ein besonderer Sprechstein erlaubt den Gruppenmitgliedern, in einer Diskussion jeweils ihren Standpunkt darzulegen. Ein Stein in der Hand regt die Gedanken an, hält die Aufmerksamkeit fest und gibt Halt. Er wird von der das Gespräch leitenden Person weitergegeben, und es spricht jeweils nur diejenige Person, die den Stein in den Händen hält. Die anderen hören ohne Kritik oder Zwischenbemerkungen zu. Erst wenn die sprechende Person eine Frage an jemand anders richtet oder seinen Standpunkt fertig dargelegt hat, gibt sie den Sprechstein an den Gesprächsleiter oder die -leiterin zurück.

Ein weiterer Stein, der sogenannte Schweigestein, wird von der leitenden Person eingesetzt, um einen Teilnehmenden an die Gesprächregeln und das Vorrecht des Sprechsteins zu erinnern.

Tipp: Ein Schweigestein kann auch eingesetzt werden, wenn jemand nicht von anderen gestört werden will; er legt dann den besagten Stein deutlich sichtbar neben sich.

Aus der Rolle fallen

Durch die Auseinandersetzung mit verschiedenen Rollen können nacheinander verschiedene Denk-haltungen eingenommen und spielerisch neue Stand-punkte gefunden werden.

In vorgegebenen Zeitintervallen werden aus Ton-erde wechselnde geschlechtstypische Charaktere (siehe unten) mit einem typischen Ausdruck und typischem Outfit geformt.

Wer schlüpft in welche unbekannte Rolle?

In einem zweiten Durchgang werden »untypische« Tonfiguren geschaffen, zum Beispiel ein dominantes Mädchen, ein zurückhaltender Junge. Wie schwer fällt es, sich in wechselnde Rollen einzudenken?

Als typisch »weiblich« gilt: unterlegen, ruhig, schön, brav, anpassungsfähig, fürsorglich, bescheiden, einfühlsam, emotional, empfindsam, friedliebend, vertrauensvoll, zickig, zurückhaltend.

Als typisch »männlich« gilt: stark, frech, laut, provozierend, eigenwillig, mächtig, cool, abenteuerlustig, aggressiv, beharrlich, dominierend, draufgängerisch, gewalttätig.

Perspektivenwechsel

Durch einen Perspektivenwechsel wird die Sicht des anderen eingenommen. Mädchen und Jungen arbeiten in getrennten Gruppen und bemalen Steine als Fantasietiere. Die gemalten Steine werden gruppen-weise aufgestellt. Jedes wählt danach einen Stein aus der Gegengruppe aus und malt einen gleichen zweiten Stein. Mädchen und Jungen versuchen nun, die »Malpartnerin« oder den »Malpartner« anhand der Steine herauszufinden.

Was war besonders schwierig bei der Nachahmung des vorgegebenen Werks?

Versteinerte Statue

Es werden gleichgeschlechtliche Paare gebildet. Das eine übernimmt die Rolle der Steinhauerin oder des Steinhauers und formt nach einem bestimmten, für alle gleichen Thema aus der anderen Person eine Statue. Themen können sein:
»Nein bleibt nein«-Statue
»Lasst mich in Ruhe«-Statue
»Hau ab«-Statue
»Nachdenk«-Statue

Das Formen geschieht ohne Worte, nur durch Veränderung der Körperstellungen. Die Werke der anderen werden besichtigt. Welche Aufgabe wurde von Mädchen und Jungen ähnlich gelöst, welche sehr verschieden?

In einem zweiten Teil können auch gemischte Paare gebildet werden.

Bauwerke mit Steinen

Zum Gestalten eines Kunstwerks braucht es zuerst eine Idee, danach wird die Konstruktion geplant und schließlich gebaut. Ein gegengeschlechtliches Paar einigt sich auf eine gemeinsame Idee zur Erstellung eines Steinkunstwerks. Es achtet dabei auf eine gleichwertige Beteiligung: In der ersten Hälfte ist eine Person die Bauchefin, die andere die Ausführende, danach werden die Rollen gewechselt.

Beispiele:
Naturteppich
Aus flachen Naturmaterialien (Blätter, Moos, Rinde usw.) wird ein Teppich ausgelegt. Danach werden zu den entsprechenden Teilen des Naturteppichs farblich passende Steine gesucht und daraufgelegt, so dass sie nicht mehr leicht erkennbar sind.

Balanceturm
Steine und andere Gegenstände werden gesammelt und abwechselnd zu einem Turm aufgebaut. Ist es auch möglich, einen runden Stein oder Gegenstand einzubauen?

»In Stein gemeißelter« Ausdruck von Stimmungen.

Jungen und Mädchen arbeiten zusammen.

Ein Teppich mit unterschiedlich farbigen Naturmaterialien.

Wenn das nur stabil bleibt ...

Auf der Kiesbank

Zu Tausenden liegen die faszinierenden, vielfältigen
Steine auf der Kiesbank im Fluss. Im Winter wie auch
im Sommer zieht sie die Menschen an, jung und alt.
Die Steine werden gesammelt, verglichen, bestaunt, und
manch einer wird später in der Hosentasche oder im
Rucksack nach Hause getragen.

  Vor kurzer oder langer Zeit hat der Fluss die
Steine hierher transportiert. Nun liegen sie da, in vielerlei
Größen und Farben. Die meisten Kiesel sind rund
und glatt. Wir finden helle und dunkle, rötliche und
grünliche Steine und manche mit weißen Maserungen.
Neben dem rundgeschliffenen Granitgeröll oder Steinen
vulkanischen Ursprungs findet sich auch einmal ein
Stück gerollten Betons aus der heutigen Zeit, der von der
Vergänglichkeit des menschlichen Tuns zeugt.

  Im Verlauf ihres Lebens verändern sich die Gesteine. Zuerst liegen sie in einer kompakten Felsmasse
meist während vielen Jahrtausenden als Teil eines Berges
an der Erdoberfläche. Es dauert sehr lange, bis große
Felsen zerkleinert und abgetragen sind. Temperatur-
schwankungen (Frostsprengung), Regen und Schnee
fördern die Abtragung der Berge. Das Gestein lockert
sich auf, es entstehen Risse, und mit der Zeit bröckeln
Gesteinsstücke ab. Manche bleiben dann am Fuß des
Berges in einer Geröllhalde liegen, andere wurden in der
Vergangenheit von Gletschern weit von den Bergen weg
transportiert. Viele der abgebröckelten Steine werden
auch von Bächen weggeschwemmt. Sie rollen und hüpfen
im Flussbett und werden dabei abgerieben. Dabei verändert sich ihre Form und Größe. Es hängt nicht nur von
der Kraft des Wassers ab, wie schnell Steine zerkleinert
und abgeschliffen werden. Wichtig ist auch, ob die Steine
hart oder weich und bereits durch feine Risse gelockert
sind.

  Es ist schwierig abzuschätzen, wie lange die Reise
eines Steins im Fluss dauert. Wenn er von einer mäch-
tigen Strömung mitgerissen wird, geht es recht schnell.
Wenn er aber in Mulden auf dem Flussgrund oder auf
Kiesbänken liegen bleibt, kann seine Reise länger, ja
manchmal Jahrtausende lang dauern. Beim Schwimmen
im Fluss kann man das leise, immerwährende »rollende
Rumpeln« hören.

  Nicht jeder Stein überlebt die lange Reise. Es gibt
auch Steine, die vom Wasser langsam aufgelöst werden.
Jeder Tropfen Wasser, der zum Beispiel über Kalkstein
fließt, löst kleinste Teilchen darin auf und nimmt sie beim

Wegfließen mit. Auch ein Sandstein hat im Fluss meist keine Chance; er wird von härterem Gestein zerrieben und zermalmt und dann vielleicht als Sand auf der Kieselbank zwischengelagert.

Die Kiesel auf der Kiesbank sind Zeugen der Vergänglichkeit und der Ewigkeit. Es ist, als ob sie schon immer hier gelegen wären und noch weitere Hunderte von Jahren überdauern würden. Jeder einzelne Stein trägt faszinierende Geheimnisse in sich, die von der Erdgeschichte erzählen.

Geschichten

Teil 4

Inzwischen waren die Falken ins Waldland zurückgeflogen und brachten Tula den Stein. Sie betrachtete diesen genau und lächelte still vor sich hin. Einige Tage später führten die Vögel die alte Frau auf einem langen, beschwerlichen Weg zu Sergio. Dieser war wie vom Donner gerührt, als Tula ihm den verloren geglaubten Halsschmuck zeigte, der sie zu ihm geführt hatte.

Sie setzte sich zu ihm und betrachtete die vielen Steine, die Sergio im Laufe der Jahre kunstvoll auf der Wiese ausgelegt und aufgeschichtet hatte. Sie nahm Sergios Stein in die Hand und betrachtete ihn: Durch das unscheinbare Grau schlängelten sich weiße Linien, immer wieder unterbrochen und sich kreuzend. Die alte Frau sah den Hirten an. Sie benetzte ihren Zeigfinger mit Spucke und fuhr die hellen Linien entlang. Ihre Augen schimmerten in einem Kreis feiner Fältchen. Ganz feierlich sagte sie, dass es sich bei diesem Stein sicherlich um einen Buchstein handle. Sergio hörte gebannt zu. Tula erzählte weiter: »Es gab einmal einen Stein, der alles verwandelte. Er leuchtete im Dunkeln und im Hellen. Als er aber vom Himmel auf die Erde gefallen war, vor vielen Millionen Jahren, splitterten tausend und abertausend Steinchen ab und verstreuten sich über unsere Welt. Diese Steine sind Buchsteine. Wer sie findet, kann Geschichten darauf lesen.«

Nach ihrer Erzählung schlief Tula an einen Felsen gelehnt erschöpft ein.

(Michael, 25)

Fortsetzung Seite 121

Stein auf Stein – Experimentieren mit Steinen

Steine in der Kulturgeschichte des Menschen

Steine waren von jeher ein wichtiger Teil im Leben der Menschen. Sie sind ein ganz besonderer Werkstoff der Natur. Obwohl auch Steine über Jahrtausende verwittern, sind sie wesentlich beständiger als andere Materialien wie Holz, Leder oder Metall. Steine waren auch Tauschobjekte und, wen wunderts, manchmal wertvoller als Gold.

Steine spielten in der Kulturgeschichte aller Völker eine wesentliche Rolle und gelangten manchmal zu großer Berühmtheit. Die frühe ägyptische Hochkultur baute aus unterschiedlichen Steinsorten ihre beeindruckenden Pyramiden und Tempel. Die Römer waren berühmt für ihre wunderbaren Mosaikböden. Weltberühmte Prunkbauten wie der indische Taj Mahal wurden überall auf der Welt aus Stein gebaut.

Je nach ihren Eigenschaften erfüllten die Gesteine verschiedene Verwendungszwecke.

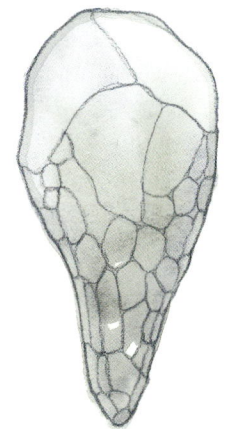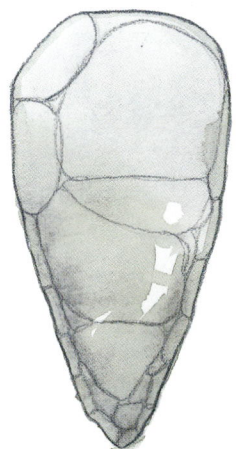

Steinfaustkeile waren so geformt, dass sie gut in der Hand lagen.

Werken

Werkzeuge werden heute vor allem aus Kunststoff, Metall und Holz hergestellt. Früher stellten die Menschen ihre Werkzeuge aus Steinen, Knochen und Holz her. In Gräbern wurden einfachste Steinwerkzeuge gefunden. Die ältesten Werkzeuge werden auf etwa 700 000 Jahre geschätzt.

Eines der frühesten Werkzeuge war der Steinfaustkeil, der mit seiner runden Seite gut in der Hand lag und auf der anderen Seite in eine spitze, scharfe Kante zulief. Man benutzte ihn als Hammer, zum Zerkleinern von verschiedenen Materialien, zum Töten, Häuten und Ausschlachten erlegter Tiere, zum Behauen von Holz, zum

Die Steinsichel, ein altes Steinwerkzeug.

Steine sind noch heute wichtige Bauelemente.

Aus dem Fels gehauene steinerne Treppe.

Zerschlagen von Knochen, zur Bearbeitung von Holz, zum Hacken nach Wurzeln in der Erde oder als Waffe.

Nach und nach entwickelten sich aus den steinernen Faustkeilen verfeinerte Waffen und Werkzeuge. Es wurden Steinmesser, -schaber oder -äxte hergestellt. Felle und Leder wurden mit einem Steinbohrer gelocht, mit dem auch Holz, Geweihe oder Knochen durchbohrt werden konnten. Mit Steinäxten wurden Bäume ausgehöhlt, die dann als Boote dienten. Steine waren auch Teil von Waffen wie Speer- und Lanzenspitzen und Munition für Steinschleudern. Noch heute werden Wetzsteine zum Schärfen von Sensen benutzt.

Steinerne Gefäße (oben) und mit Steinen befestigte Straßen (unten) überdauern Jahrhunderte.

Haushalten und bauen

In der Zeit, als die Menschen noch in Höhlen oder einfachen Hütten lebten, waren Steine auch häufig benutzte Haushaltsgeräte. Fleisch wurde auf einer steinernen Unterlage zerschnitten und weichgeklopft. Lebensmittel wie Nüsse oder Muscheln wurden mit Steinen geknackt. Getreidekörner wurden zwischen Steinen zu Mehl zerrieben oder mit steinernen Handmühlen gemahlen. Heute noch werden in Steinmörsern Heilpflanzen und Gewürze zerstoßen. Mit Hilfe von Feuersteinen wurden Feuer entzündet und auf erhitzten Steinplatten Fladenbrot gebacken.

Zum Markieren von Grenzen, zum Beispiel eines Ackers, wurden früher Steinhaufen oder Mauern angelegt. Solche Trockensteinmauern sind heute ein ästhetisches Bauelement und auch wertvolle Biotope.

Neben Holz ist Stein der wichtigste natürliche Baustoff zum Bau von Häusern, Straßen, Brücken, Kultstätten und vielem mehr. In den verschiedenen Regionen prägen oft immer noch die dort vorkommenden Steine das Dorf- oder Stadtbild.

Bausteine, Zement, Kies, Mörtel, Eisenträger (aus Erzen), sie alle werden aus Gesteinen hergestellt. Ganze Berufsgruppen wie Maurer, Plattenlegerin, Töpfer, Pflästererin, Straßenbauer, Landschaftsgärtnerin oder Steinbildhauer arbeiten vorwiegend oder häufig mit diesem Werkstoff.

Industrielle Produktion

Die aus Mineralien bestehenden Gesteine und die daraus gewonnenen Metalle waren die Grundlage bei der Entwicklung der heutigen Technik.

Im Steinbruch oder im Bergwerk werden metallhaltige Gesteine abgebaut, zerkleinert und nach Brauchbarkeit getrennt. Durch das anschließende Schmelzen und Raffinieren werden die Metalle herausgelöst. Bereits während der Bronzezeit gewann man aus Gesteinen Zinn und Kupfer. Später wurden andere Metalle wie das Eisen ausgeschmolzen. Heute bestehen viele Alltags-

Das Ausgangselement für die Herstellung von Metallen sind Mineralien.

gegenstände aus Metall: Essbesteck, Teller und Autos werden aus Mineralien als Ausgangselement gewonnen.

Mit der Produktion von Metallen veränderte sich die Welt des Handwerks stark. Dank seiner Geschmeidigkeit und Haltbarkeit, der vielfältigen und einfachen Verarbeitungsmöglichkeiten (gießen, schmieden, pressen, stanzen) sowie der weltweiten Verbreitung eroberten das Metall und die Metallverarbeitung schnell weite Teile der Erde, und Metall ist heute noch ein wichtiges Produkt der modernen Welt. Auch Glas, das aus Quarzsand hergestellt wird, stammt übrigens von Gesteinen.

Die sogenannten Edelmetalle wie Platin, Silber und Gold werden wegen ihrer Schönheit und Seltenheit besonders geschätzt. Lange waren Gold und Silber wichtige Zahlungsmittel. Außerdem spielen sie in der Schmuckherstellung, in Medizin und Industrie eine wichtige Rolle.

Steinartige Materialien wie Backsteine, Ziegelsteine oder Beton werden heute auch künstlich hergestellt.

Gesundheit und heilen

Auch in unserem Körper spielen Mineralien eine wichtige Rolle. Sie werden Spurenelemente genannt, weil davon nur sehr kleine Mengen benötigt werden. Zu ihnen gehören Eisen, Phosphor, Kalzium und Jod. Wir nehmen sie durch unsere Nahrung ein. Ein für unsere Gesundheit wichtiges Mineral ist das Steinsalz, das als Verdunstungsrückstand früherer Meere in Bergwerken abgebaut oder durch Eindampfen von Meerwasser erzeugt wird. Durch Weiterverarbeitung wird daraus das Kochsalz gewonnen. Salz kann auch zur Konservierung von Lebensmitteln benutzt werden.

Einzelnen Steinen werden außerdem Heilkräfte zugeschrieben, die auf den menschlichen Organismus wirken. Steine nehmen Energie in Form von Licht und Wärme auf. Die von den Steinen abgegebene heilende Energie tritt als veränderte Wärme, Licht oder Strahlung auf. Jedes Mineral hat ein eigenes elektromagnetisches Feld um sich. Den Steinen wird nachgesagt, dass sie die Kraft aus der Mutter Erde erhalten. Deshalb sollen Heilsteine immer wieder längere Zeit auf der Erde liegen können, um aufzutanken. Die Kenntnis der Wirkungen wurde über die Erfahrung gewonnen und wird in der Steinheilkunde medizinisch-therapeutisch verwendet. Steine werden als Heilsteine oder in Essenzen verarbeitet angeboten. In der Steinheilkunde werden häufig Edelsteine eingesetzt.

Kunst

Kunstwerke aus und mit Steinen sind Zeugen alter und moderner Kulturen: in der Schriftkultur, in bildlichen Darstellungen (z.B. Felsmalereien), in der Bildhauerei, in der Lithografie (Steindruck) oder im Kunsthandwerk (z.B. Schmuckstücke). Bereits Steinzeitmenschen fertigten aus Knochen und Steinen kleine Tier- und andere Figuren an. Die Menschen schmückten sich mit Ketten aus durchbohrten Muschelschalen, Steinen, Federn und Knochen, oder sie bemalten ihre Haut mit Erdfarben. Auch in der heutigen Zeit spielt der Stein bei Kunstschaffenden eine wichtige Rolle; Steinbildhauerinnen und Steinmetze schaffen Grabmale, Skulpturen oder Denkmäler. Auch Altäre und Taufsteine und früher Hinrichtungsstätten sind oft aus Stein.

Kultsteine

Steine hatten und haben häufig auch eine symbolische Bedeutung. Es gab Steinheiligtümer, die Sitz der Götter waren. Steine können auch als Hilfsmittel zum Wahrsagen oder als Schriftzeichen auf Runensteinen dienen.

Findlinge sind große Felsblöcke in der Landschaft, die nicht von Menschen geschaffen, sondern vor sehr langer Zeit durch Gletscher ins Flachland getragen wurden. Diese natürlichen Steindenkmäler wurden oft verehrt und gelten als Kraftort.

Die Menschen richteten früher aber auch selbst große Steine als Kultsteine auf, sogenannte Megalithe.

Bauwerke, aus Steinen gebaut, sind Zeugen alter Kulturen.

Vom Menschen aufgerichtete Kultsteine säumen einen Weg.

Der Begriff Megalith stammt aus dem Griechischen, *megas* bedeutet »groß« und *lithos* »Stein«. Häufig findet man diese sehr großen Steine in geometrischer Form in Steinalleen oder in Steinkreisen an besonderen Kraftplätzen. Immer wieder wird über die Bedeutung dieser Monumente gerätselt. Ob die Kultsteine mit Fruchtbarkeitsritualen zu tun hatten, die Verbindung mit dem Universum symbolisierten oder zu astronomischen Zwecken gesetzt worden sind, bleibt bei Forschenden umstritten.

Während in den ehemals keltischen Siedlungsgebieten der Bretagne, von England und Irland die großen, langen aufgerichteten Steine als Menhire bezeichnet werden, spricht man in Deutschland auch von Hinkel- oder Glucksteinen. Der Begriff »Hinkelstein« wurde durch den berühmten Gallier Obelix aus den »Asterix«-Comicbüchern populär. Nach den Siegen gegen die Römer verreiste Obelix nicht mehr ohne seinen Hinkelstein, der als Glücksbringer galt.

Erstaunliches und Unbekanntes von Steinen

Geburtsstätte der Welt

Die alten Griechen wussten noch nicht, dass die Erde rund ist. Für sie war die Mitte der Erde in ihrem Tempel des Apollo. Sie glaubten, dass die Welt von hier aus erschaffen worden ist. Omphalos, ein Stein aus Marmor, galt ihnen als die Geburtsstätte der Welt.

Zeugen der Erdgeschichte

Der Grand Canyon im Südwesten der USA ist ein eindrücklicher Zeuge der Geschichte unserer Erde. Das Wasser hat hier ein Meisterstück an Steinhauerarbeit geleistet. Der Fluss hat sich im Verlauf von Jahrmillionen bis mehr als einen Kilometer tief durch die Sand- und Kalksteinschichten in die Erde eingeschnitten. Bis zu vier Milliarden Jahre alte Gesteine und Fossilien kamen zum Vorschein.

Himmelssteine

Jedes Jahr rasen Tausende von Bruchstücken anderer Himmelskörper auf die Erde zu. Die Gesteinsstücke können von Mond, Mars oder anderen Himmelskörpern stammen. Die Himmelssteine fallen, von uns kaum wahrgenommen, als Staubkörner auf die Erde. Selten prallen größere Gesteinsbrocken auf die Erde. Diese sogenannten Meteoriten schlagen auf der Erdoberfläche Explosionskrater. Glücklicherweise landen sie meistens in unbewohnten Gebieten, im Meer oder in Wüsten.

Runen. Die steinernen Schriftzeichen galten als magische Zeichen der Götter.

Lochsteine, sogenannte Hühnergötter, sollen das Vieh vor Unglück schützen.

Viele Himmelssteine verglühen bereits beim Eintritt in die Erdatmosphäre. Mit etwas Glück können wir eine dieser Leuchtspuren sehen. Wir nennen sie Sternschnuppen.

Runen – göttliche Zeichen

Nach den Sagen der Wikinger, jener germanischen Krieger, Seefahrer und Kaufleute aus dem Norden Europas, war die Runenschrift ein Geschenk ihres Gottes Odin. Die Sage erzählt, dass Odin sich neun Tage und Nächte lang an die vom Wind geschüttelten Zweige eines Baumes klammerte, um die Geheimnisse der Runenschrift zu entdecken. Mit diesem Wissen erreichte er Macht.

Die in Stein gemeißelten Schriftzeichen galten als magische Zeichen der Götter. Runen fanden sich auf Grabsteinen, Waffen, Wegmarkierungen, Amuletten und dienen heute noch auf Steinen zum Wahrsagen.

Hühnergötter

Als Hühnergott wird ein Stein mit einem natürlich entstandenen, durchgehenden Loch bezeichnet. Diese Lochsteine dienten in der Vergangenheit oft als schützende Talismane. In Hühnerställen aufgehängt sollten sie die Legefreudigkeit der Hühner verbessern, in Kuh- und Pferdeställen das Vieh vor Unglück bewahren. Dadurch sollte auch der Fuchs von seinem Beutezug im Hühnergehege abgehalten werden.

Sprechende Steine

Noch heute sind im mittelamerikanischen Nicaragua Geschichten von »sprechenden Steinen« bekannt. Es handelt sich dabei um Steinreliefs, die eine Geschichte erzählen und damit zur Sicherung des kollektiven Gedächtnisses beitragen.

Sprechende Steine erzählen Geschichten.

»Ich bin ein Hexer.
Ich kann gute und böse Geister rufen.
Ich kenne die Heilkraft der Kräuter
Und die Bedeutung der Bräuche meiner Leute.
Eure Vorfahren haben mich auf die Felswand
›Die Masken‹ bei ›El Toro‹ eingraviert.
Gib mir die Farben
meiner Zauberkraft.«
(aus: »Palabra«, Städtepartnerschaft SanMarcos-Biel, 2004)

Die Mosaiken von Pompeij

Eines der bedeutendsten Mosaiken des römischen Reichs ist in Pompeij (um 100 v. Chr. entstanden). Das sogenannte Alexandermosaik ist vierzehn Quadratmeter groß und besteht aus über vier Millionen Steinchen, die nicht größer als vier Quadratmillimeter sind. Um das Mosaik zu vollenden, arbeiteten fünf bis sechs Mosaizisten mindestens ein Jahr lang.

Römischer Obelisk

Im 16. Jahrhundert wurde der 23 Meter hohe Obelisk aus Heliopolis in Unterägypten nach Rom transportiert. Mit optimaler Nutzung der Körperkräfte von 900 Arbeitern, 140 Pferden und 44 Winden wurde der Steinkoloss gehoben und vor dem Petersdom in Rom unbeschädigt wieder aufgestellt.

Rekordverdächtiger Edelstein

Diamant ist das härteste und widerstandsfähigste in der Natur vorkommende Mineral überhaupt. Die meisten Diamante sind vor Milliarden von Jahren unter hohem Druck und hoher Hitze im Erdinnern entstanden.

In der Industrie kommt der Diamant in Bohr- und Schneidegeräten zum Einsatz. Weil er so schön ist, ist er aber vor allem ein wertvoller Schmuckstein. Diamanten werden häufig zu Brillanten geschliffen. Sie zierten oft die Kronjuwelen von Königinnen und Königen. Lange war der bisher größte gefundene Edelstein der Cullon-Diamant. Er wog 3106 Karat (621 g). Eines der 150 Stücke, in die er zerlegt worden ist, schmückt die englische Krone. Inzwischen wurde in einem südafrikanischen Bergwerk ein doppelt so schwerer Diamant entdeckt. Der kostbare Stein wird unter höchsten Sicherheitsvorkehrungen aufbewahrt.

Stein der Weisen

Seit der Spätantike und bis ins 18. Jahrhundert suchten in Europa die Alchimisten nach einer Substanz, die einfache Metalle wie zum Beispiel Blei in Gold oder Silber verwandeln könnte. In diesem sogenannten Stein der

Weisen sollten göttliche Geheimnisse verborgen sein. Eine derartige Umwandlung ist ihnen allerdings niemals gelungen. Auf ihrer Suche nach dem »Stein der Weisen« erfanden sie jedoch zufällig andere Produkte, die später vielseitige Verwendung fanden: Johann Friedrich Böttger fand 1717 die Rezeptur für das europäische Gegenstück des chinesischen Porzellans. Als Hennig Brander 1669 Urin destillierte und den Rückstand glühend erhitzte, entdeckte er das chemische Element Phosphor.

Steine in der Tierwelt

Auch im Leben der Tiere spielen Sterene eine Rolle. Reptilien wärmen sich auf warmen Steinplatten auf. Im Verdauungstrakt von Vögeln werden die unzerkleinerten Nahrungsstücke mit Hilfe von Magensteinen zermalmt. Papageien schlucken Erde als Verdauungshilfe. Der Schmutzgeier öffnet die Eier anderer Vögel, indem er mit dem Schnabel Steine aufnimmt und auf die Eier wirft. Um große Eier zu knacken, schleppt er Steine bis zu einem Kilogramm heran.

Fieberstein

Auch bei Krankheit und Fieber kann ein Mineral sehr hilfreich sein. Aus dem Mineral Zinnober wird das Metall Quecksilber gewonnen, das neben Brom das einzige Element ist, das bei Zimmertemperatur flüssig ist. Weil Quecksilber sich bei Wärme ausdehnt, eignet sich das Mineral gut zum Messen der Körpertemperatur in Fieberthermometern.

Rekord-Domino

Dominospielenden gelang es im Jahre 2005, vier Millionen Steine zu Fall zu bringen. Um dies zu erreichen, hatten die Rekordhalter drei Monate hart und konzentriert gearbeitet.

Hoch den Stein

Bei dem ursprünglich von Alphirten ins Leben gerufenen Unspunnenfest gilt es, einen schweren Stein möglichst weit zu stoßen. Der Unspunnenstein wiegt 167 Pfund. Im Jahr 1805 wurde er zehn Fuß weit gestoßen. Ab 1948 lag der Rekord lange bei 2,89 Metern. Der Steinstößer erzielte diese Leistung ohne Anlauf. Erst in den 1970er Jahren wurde der Stein mit Anlauf gestoßen. Die neue Bestleistung liegt nun bei 3,97 Metern.

Steine erforschen

Der Zahn der Zeit

Durch Wasser, Wind, Eis und chemische Prozesse werden Steine fortlaufend abgerieben und zersetzt. Einige Steine zerfallen schnell zu Staub, andere sind hart und spröde und halten der Verwitterung länger stand.

Um ihre Härte zu testen, werden verschiedene Gesteinsarten – wenn möglich sollten Granit, Sandstein und Kalkstein dabei sein – in eine Plastikdose gegeben. Der Behälter wird nun während einigen Minuten stark geschüttelt. Welche Gesteinsart ist am widerstandsfähigsten? Welche ist am weichsten?

Steinhart

Obwohl alle Steine »steinhart« sind, sind sie doch unterschiedlich hart. Ein weicherer Stein lässt sich immer durch einen härteren ritzen.

Die Ritzhärte ist ein wichtiges Unterscheidungsmerkmal. Der Mineraloge Friedrich Mohs hat im 19. Jahrhundert die sogenannte Mohssche Härteskala für Gesteine und Mineralien entwickelt. Sie reicht von 1 bis 10: Je höher der Wert, desto härter das Gestein.

Steine werden je nach Härtegrad auch anders genutzt. Die »weiche« Schulkreide, die aus Gips besteht, ist ideal zum Schreiben. Der harte Diamant eignet sich als Schneide in Werkzeugen.

Den Härtegrad von Steinen kann man selbst prüfen.
– Welche Steine lassen sich mit dem Fingernagel ritzen (Härtegrad 1–2)?

– Welche Steine lassen sich mit einer Münze ritzen (bis Härtegrad 3–4)?
– Welche Steine lassen sich mit einem Stahlnagel ritzen (bis Härtegrad 5)?
– Welche Steine lassen sich nur mit einem anderen noch härteren Stein ritzen (Härtegrad 7–9)?
– Der Diamant ist der härteste Stein (Härtegrad 10). In der Natur gibt es nichts Härteres.

Die Steine werden nach der Prüfung ihrer Härte nach geordnet.

Verdrängungskünstler

Mit Steinen kann man das Volumen messen. Ein Glas wird halb voll mit Wasser gefüllt. Werden Steine ins Glas gelegt, wird Wasser verdrängt. Wie viele Steine müssen noch hineingelegt werden, bis der Wasserspiegel an den Rand steigt?

Kristalle züchten

Kristalle wachsen, wenn Schichten eines Minerals an ihrer Oberfläche hinzugefügt werden. Mit Salz kann beobachtet werden, wie Kristalle wachsen.

Mit einem einfachen Versuch lässt sich zeigen, wie durch Verdunstung Salzkristalle entstehen.

In einem Marmeladenglas wird Wasser abgemessen und dann in einem Topf erhitzt. Nun wird so viel Salz beigegeben und verrührt, wie sich im Wasser auflöst (auf 1 Glas Wasser ca. 8–9 Esslöffel Salz). Das gesättigte Salzwasser gießt man zurück ins Marmeladenglas und hängt einen an einem Stöckchen befestigten Wollfaden ins Glas (er soll den Boden nicht berühren). Mit der Zeit wachsen daran die Salzkristallgebilde. Erst nach ein paar

Auskristallisiertes Salz.

Der Stein hüpft und hüpft und hüpft, bis er schließlich im Wasser verschwindet.

Wochen ist alles Salz wieder auskristallisiert. Genau so sind durch die Verdunstung von salzhaltigem Wasser die Salzschichten in der Erde entstanden.

Hüpfende Steine

Flache Steine können auf dem Wasser hüpfen. Es lohnt sich, mit dem altbekannten Spiel am Wasser wieder einmal ausgiebig zu experimentieren.

Steinzeitkünstler

Menschen brauchten früher zur Bemalung der Wände ihrer Höhlen, ihrer Häuser oder auch ihrer Körper Steinfarben, die sie aus ihrer Umgebung gewannen. Im Gegensatz zu Farben aus Pflanzen oder Tieren behalten Steinfarben ihre Farbe lange Zeit. Neben weißen, gräulichen, bräunlichen und grünlichen Tönen waren Zinnoberrot und Lapislazuliblau eher seltene und deshalb auch speziell geschätzte Farben. Zur besseren Verarbeitung vermischten die Künstler die Farbpulver häufig mit tierischen Fetten. Durch den wachsenden Handel vergrößerte sich die Anzahl der verfügbaren Farbtöne allmählich.

Heute werden Farben meist synthetisch produziert. Man kann Farbstoffe jedoch immer noch selbst herstellen. Indem Gesteine aus der Umgebung zu Pulver zerrieben werden, erhalten Naturfarbenhersteller eine Palette von verschiedenen Farbtönen. Aus weichen Mineralien (Ocker, Kreide) lassen sich Farben einfach herstellen, aus harten Mineralien (Azurit oder Malachit) ist die Herstellung schwieriger.

Herstellung mit weichen Mineralien:

Zwei Ziegelsteinstücke werden aneinander gerieben oder mit einem Hammer zerstoßen und in einem Mörser zu feinem rotem Pulver zermahlen.

Für weiße Farbtöne kann man Kreide- oder Gipsstücke zerstoßen. Diesen hellen Farbpulvern können auch farbige Frucht- oder Gemüsesäfte zur Farbnuancierung beigemischt werden.

Andere Farbtöne werden aus zerstoßenem Sandstein (bräunlich), Kohle (schwarz), trockener Tonerde (grau) und rotem Ocker (rötlich) gewonnen.

Das so entstandene Steinpulver wird mit etwas Wasser und als Bindemittel Tapetenkleister (früher auch Eigelb) zu einer dicklichen Paste vermischt.

Ganz besonders Spass macht es nun, mit einem dicken Pinsel auf einem großen Papier oder einer dafür geeigneten Wand Höhlenmalereien nachzuahmen. Welche Botschaften stecken in den Gemälden?

Mit Steinfarben den Steinzeitmenschen auf der Spur.

Steinzeitsuppe

Weil es früher noch keine Kochtöpfe gab, benutzten Steinzeitköche zum Suppekochen Lederbeutel. Im Feuer aufgeheizte Steine, wurden in einen mit Wasser gefüllten Lederbeutel gegeben. Bis das Wasser auf diese Weise wirklich warm und das Gemüse gar gekocht war, mussten immer wieder neue erhitzte Steine in den Beutel gelegt werden.

Das Experiment lässt sich einfach in einem Kochtopf nachvollziehen: Der Topf wird mit etwa ¼ Liter kaltem Wasser gefüllt. In einem Feuer werden Steine erhitzt; mit einem Topflappen nimmt man jeweils einen erhitzten Stein und gibt ihn in das Wasser. Nach 4–5 Minuten ist der Stein abgekühlt. Dann nimmt man ihn aus dem Topf und ersetzt ihn durch einen weiteren, heißen Stein aus dem Feuer. Die Prozedur wird so oft wiederholt, bis das Wasser erhitzt ist. Mit einem Badethermometer kann man messen, um wie viel Grad das Wasser mit jedem heißen Stein wärmer wird.

Mit dem erhitzten Wasser kann man mit Bouillonpulver oder Salz und Kräutern eine Suppe kochen.

Hinweis: Steine, die zum Kochen benutzt werden, müssen vor dem Gebrauch gründlich gereinigt werden: Die Steine zuerst mit einem Spülmittel in warmem Wasser säubern, dann etwa ¼ Stunde in heißem Wasser auskochen.

Falls sich das Wasser trotz der Reinigung der Steine verfärbt oder aus den Steinen Blasen austreten, kann das Wasser verunreinigt sein und sollte nicht zum Suppekochen verwendet werden.

Schatztruhe

Schiefer ist leicht spaltbar und kann mit einfachen Holzschnitzwerkzeugen bearbeitet werden.

Im Bach werden Schieferflöze gesucht. Mit einem Meißel oder Schraubenzieher und einem Hammer werden sie von der Stirnseite her in zwei Hälften gespalten. In der einen Hälfte bringt man nun mit einem

Schiefersteine sind leicht spaltbar.

Kinder an der
Arbeit.

Mit viel Geduld gelingen Kunstwerke.

Kerbwerkzeug Ausbuchtungen an, in die später bestimmte Gegenstände passen, zum Beispiel ein Edelstein
oder ein Schmuckstück. In die Innenseite der anderen
Hälfte kann etwas eingeritzt werden, zum Beispiel ein
Spruch, ein Gruß, ein schönes Gedicht. Wenn die Schätze
versorgt sind, kann man die Schatztruhe mit dem Deckel
verschließen und mit einem Lederband umwickeln.

Tipp: Aus flachen, dünnen Schiefertafeln (meist in der
Industrie zu dünnen Platten vorgefertigt) können mit der
Laubsäge Formen ausgesägt werden. Die Ränder werden
geschliffen, und fertig ist der kunstvolle Schmuck-
gegenstand.

Stein-Wellness

Die Fähigkeit der Steine, aufgrund ihrer physikalischen
Eigenschaften Wärme oder Kälte zu speichern, wurde
früher immer wieder genutzt. Bereits Steinzeitmenschen
kannten wohl schon Wärmesteine.

An kalten Herbst- und Wintertagen können Steine
als wärmende »Bettflasche« dienen. Ein abgerundeter
Stein wird im Ofen aufgewärmt. Dick eingewickelt hält er
die Wärme lange und verbrennt auch nicht die Füße. Sehr
schön ist es, sich im Winter die kalten Füße (eventuell
Socken anziehen) auf geheizten Steinen zu wärmen oder
für kalte Hände kleine Heizsteine in die Jackentasche
zu geben. Umgekehrt sind im Kühlschrank abgekühlte
Steine eine gute Erste Hilfe bei Beulen.

Heute gibt es auch eine Massage mit heißen
Steinen. Sie wird, kombiniert mit Heilkräuterölen, zur
Heilung von Muskelbeschwerden und Erkrankungen
des Bewegungsapparats eingesetzt. Massiert wird mit
warmen, besonders glatten Steinen. Die wohlige Wärme
der Steine entspannt, lockert die Muskulatur und
fördert gleichzeitig die Durchblutung.

Von einem Zweierteam legt sich eine Person auf
den Bauch oder den Rücken und schließt die Augen. Zur
Vorbereitung werden auf einer Bettflasche oder in auf-
gekochtem Wasser kleine Steine vorgewärmt. Wenn sie
die gewünschte Temperatur haben, kann man sie nach
Belieben noch einölen. Zur Entspannung werden die
Steine einzeln auf den Körper gelegt (z.B. Stirn, zwischen

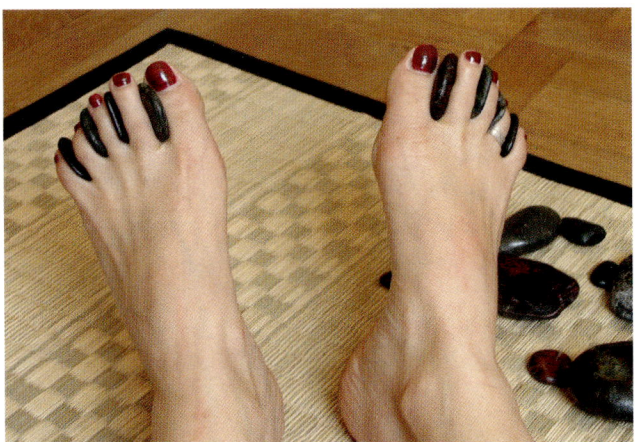

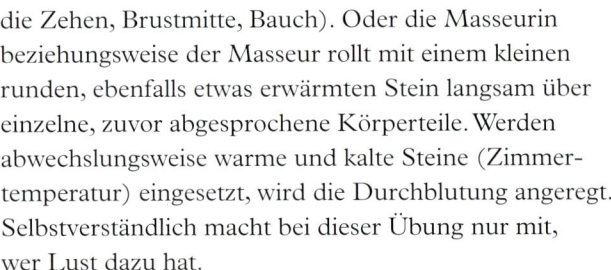

Die in Steinen gespeicherte wohlige Wärme bringt Entspannung.

Mit Rundhölzern können Gewichte nach oben bewegt werden.

die Zehen, Brustmitte, Bauch). Oder die Masseurin beziehungsweise der Masseur rollt mit einem kleinen runden, ebenfalls etwas erwärmten Stein langsam über einzelne, zuvor abgesprochene Körperteile. Werden abwechslungsweise warme und kalte Steine (Zimmertemperatur) eingesetzt, wird die Durchblutung angeregt. Selbstverständlich macht bei dieser Übung nur mit, wer Lust dazu hat.

Bauen wie einst

Schon vor vielen Tausenden von Jahren wurden große Steinkunstwerke geschaffen, die alle ohne Hilfe der modernen Baumaschinen erstellt wurden. Zur Erstellung dieser Bauten haben Menschen früher unglaubliche Gewichte befördert. Immer wieder rätselt man heute, wie die Steinbrocken ohne Hilfe von modernen Maschinen bewegt und bearbeitet wurden. Wie konnten früher mit einfachen Mitteln große und unbearbeitete Steine über

längere Entfernungen transportiert werden? Mit welchen Hilfsmitteln wurde gearbeitet? Wie viele Menschen brauchte es zum Bewegen der Steine?

Die Erforschung der Megalithkultur hat dazu heute verschiedene Erklärungsvarianten:
– Über kleinere Distanzen können Steine beispielsweise mit Rundhölzern fortbewegt werden.
– Höhen können mit einer schiefen Ebene überwunden werden. Statt sie zu heben, werden schwere Lasten auf der »schiefen Ebene« schräg nach oben gezogen. So ist es möglich, mit Seilen, Rundhölzern und einer vorbereiteten Rampe, schwere Steine zu bewegen.

Der Bau eines Dolmengrabs – zwei aufrecht stehende Steine und eine quer darübergelegte Steinplatte mit in der Realität tonnenschweren Steinen – kann in einer Miniatur-Versuchsanlage gezeichnet werden.

Wer probiert einzelne Experimente aus?

Unglaublich, aber es bewegt sich doch!

Ein großes Dolmengrab mit kleiner Versuchs-anlage davor.

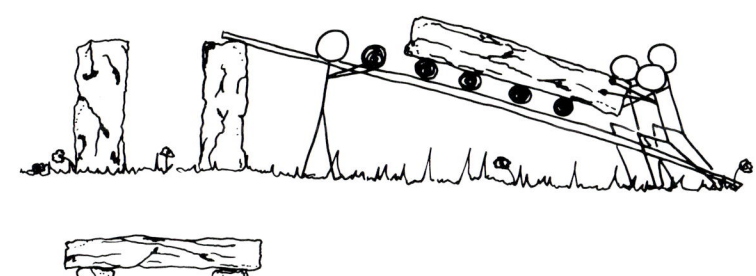

Bekannte Steinwerke

– Carnac, Frankreich: Hier befindet sich eine mehr als ein Kilometer lange Steinreihe, in der Tausende von tonnenschweren Steinen aufgereiht sind.
– Stonehenge, Wales: Dieser Steinkreis ist das größte prähistorische Denkmal Europas. Es wurde aus zwanzig Meter hohen Steinblöcken errichtet und diente wahrscheinlich kultischen Handlungen. Der Steinkreis wurde so gebaut, dass er zu bestimmten Jahreszeiten nach dem Stand der Sonne ausgerichtet war.
– Ostsee: Schiffs(stein)setzungen sind weniger bekannt, dennoch sehr eindrücklich. Schiffssetzungen bestehen aus einer Anzahl aufgerichteter Steine, die meist in Nord-Süd-Richtung orientiert in der Form eines Schiffsrumpfs angeordnet wurden. Die Steine sind unterschiedlich hoch, bis zu vier Meter. Das größte noch erhaltene Steinschiff in Südschweden wurde aus 59 Steinen gebaut, es ist 67 Meter lang und 19 Meter breit.
– Giseh, Ägypten: Zum Bau der bekannten Pyramiden wurden zwei Tonnen schwere Steinblöcke ohne Hilfe von Maschinen »bewegt«.

Rundbögen

Rundbögen dienen zum Überbrücken von Öffnungen in Mauern oder auch als Brücke über Täler. Römische und mittelalterliche Steinbrücken bestanden vorwiegend aus Rundbögen. In der Renaissance war es möglich, flachere und elegantere Bögen zu bauen, die sogenannten Korbbögen, die einem umgekehrten Korb ähneln.

Der Bau der Rundbögen kann gut nachvollzogen werden. Mit Hilfe einer Lehre, häufig dient dazu eine Holzkonstruktion, wird die Form festgelegt. Die sogenannten Keilsteine, die zum Bau von Rundbögen

Faszinierende Bauwerke, für Jahrhunderte geschaffen.

Heute noch ist das Nachbauen dieser Werke eine Herausforderung.

dienen (sie sind keilförmig angeschrägt und haben eine trapezförmige Grundfläche), werden von außen zur Mitte und nach oben aufgeschichtet. Quaderförmige Steine würden sich gegenseitig keinen Halt geben. Bei Keilsteinen wird jeder Stein von den beiden Nachbarsteinen gestützt. Der oberste Stein in der Mitte des Bogens ist der Endbaustein. Dieser Schlussstein wurde früher häufig dekorativ bearbeitet. Rundbögen können Belastungen standhalten, obwohl sie nicht durch ein Bindemittel verfestigt sind.

Mit wenigen spezifischen Kenntnissen kann mit Hilfe eines Sandhügels als Lehre ein Rundbogen gebaut werden.

Das Prinzip des Bauens mit Kragsteinen lässt sich im Experiment gut nachvollziehen.

Kragsteine

Bereits in der Antike wurden Türbögen oder Brücken auch aus übereinandergeschichteten, sogenannt vorkragenden Steinen errichtet. Das Gewicht der Steine, die frei über dem Abgrund lagen, wurde meist durch ein Gegengewicht ausgeglichen. Heute noch kommt beim Aufstellen großer Baukräne zum Erreichen großer Spannweiten mit einem schweren Betonblock das Gegengewichtsprinzip zum Einsatz.

Steine (im Experiment Holzklötze) werden so übereinander geschichtet, dass eine Brücke entsteht, die nur an den beiden »Ufern« aufliegt und keine weiteren Stützen braucht.

Leben wie in der Steinzeit

Steine waren einer der ersten Werkstoffe und gaben sogar der ältesten Menschheitsepoche ihren Namen. In der Steinzeit wurden Natursteine häufig zu Werkzeugen und Waffen verarbeitet.

Geschärfter Stein

Aus einem Feuerstein, einer Silex-Gesteinsknolle, lassen sich mit einem anderen Stein oder einem Hammer auf einer festen Unterlage Splitter abschlagen. Vorsicht: Silex splittert stark. Daher empfiehlt es sich, zum Schutz der Augen vor Splittern, den Feuerstein vor dem Zerschlagen dick in Zeitungspapier einzuwickeln und mit Schutzvorrichtungen (Brille, Handschuhe) zu arbeiten.

Die Splitter lassen sich nun als Werkzeuge verwenden. Silex-Steinsplitter können als Klingen oder Ahlen dienen, mit denen man Löcher (beispielsweise in Leder) bohrt, einen Apfel zerschneidet oder ein Holzstück abschabt. Zur weiteren Bearbeitung lässt sich der Stein durch Druck mit einem spitzen, harten Gegenstand (z.B. Geweihsprosse, Kupferstift) »abschuppen« beziehungsweise »abdrücken«. Dazu braucht es wahrscheinlich die Hilfe Erwachsener. So können besonders scharfe Schnittkanten für Messer und Pfeile hergestellt werden. Die angefertigten Pfeilspitzen werden mit Baumharz oder Birkenteer und Tiersehnen an einem Holzschaft befestigt.

Das Behauen von Silexstein durch den Kundigen.

Ein Steinmesser, unter fachgerechter Anleitung einfach herzustellen.

Steinmesser

Ein Steinmesser kann man selbst anfertigen. Man bereitet eine Silexklinge vor (siehe Seite 117) und fertigt dann einen entsprechenden Holzschaft. Dazu eignen sich am besten dicke Rinden wie Pappelrinde. Das handliche Rindenstück, das etwas größer sein sollte als die Klinge, wird auf einer Schmalseite flach abgeschnitten und dann mit einer Kehle so einkerbt, dass die Steinklinge gut eingeführt werden kann. Soll das Messer eine Befestigungsschnur erhalten, bohrt man am unteren Ende des Griffs mit einem Bohrer (eventuell sogar einem Silexbohrer)

ein Loch. Schließlich wird das Rindenstück noch fein geschliffen. Als Schleifmittel eignet sich ein Sandstein besonders gut. Mit geschmolzenem Baumharz, das man mit wenig Bienenwachs vermischt, wird die Steinklinge zuletzt im Holzschaft befestigt: Zuerst wird der Harzleim in die Kerbe gestrichen, dann die Klinge hineingestoßen. Der obere Rand wird ebenfalls mit dem Harzleim verkittet. Zum späteren Nachschärfen der Klinge wird der Stein mit einem spitzen Gegenstand (z.B. Geweihsprosse) »abgeschuppt« beziehungsweise »abgedrückt«.

Steinschleuder

Neben der Keule und dem Speer ist die Steinschleuder eine der ältesten Waffen. In früheren Kulturen diente sie vor allem der Jagd. Doch auch Armeen kannten die Schleuder als Waffe, bis sie dann immer mehr von Schusswaffen abgelöst wurde. Weil Schaf- und Ziegenhirten die Schleuder häufig benutzten, um Raubtiere und vielleicht auch Viehdiebe von den Herden fernzuhalten, und sie viel Zeit hatten, sich in dieser Kunst zu üben, waren sie sehr geschickte Schleuderer.

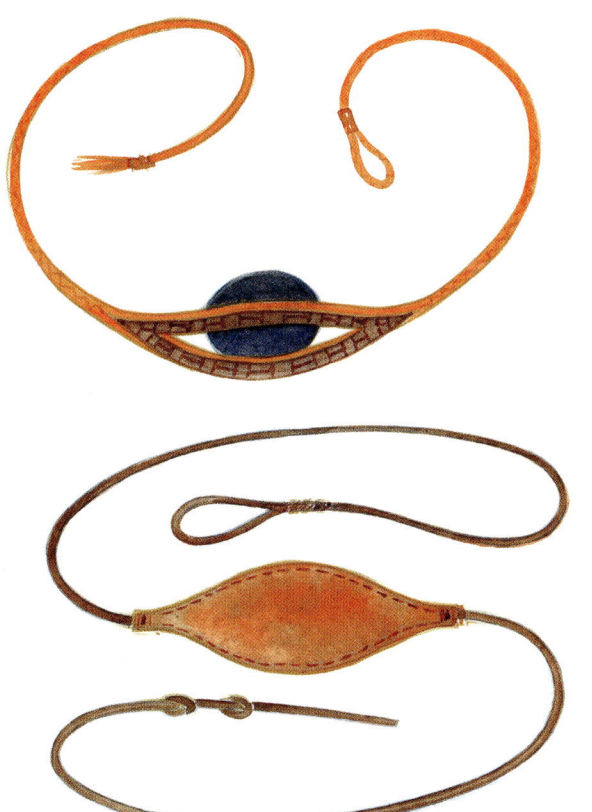

In der einfachsten Form bestand eine Schleuder aus einem langen Streifen Leder, Stoff oder verfilzter Wolle. In der Mitte befand sich eine kleine Ausbuchtung für das Geschoss. Besonders häufig wurden dafür runde Steine von Stränden und Flussbetten benützt, auch Geschosse aus Blei oder Ton kamen zum Einsatz.

Bei dieser einfachsten Form der Schleuder nahm man beide Enden in eine Hand, legte ein Geschoss in die Ausbuchtung und schwang dann die Schleuder; sobald man ein Ende losließ, flog das Geschoss mit hoher Geschwindigkeit aus der Schleuder.

Eine andere bei uns bekannte Art der Steinschleuder besteht aus einer Astgabel, zwischen deren Äste ein elastisches Band gespannt wird. In die Mitte des Gummibands werden als »Munition« Steine gelegt, dann das Gummiband gespannt und losgelassen.

Vorsicht: Damit die Geschosse nichts zerstören und niemanden verletzen, braucht gerade das Schleudern mit Steinen viel Disziplin. Deshalb ist es sinnvoller, beispielsweise Wasserballons oder Papierkugeln als Geschosse zu benutzen.

Feuer und Flamme

Die Menschen früherer Generationen konnten mit einfachen Hilfsmitteln Feuer machen.

Zuerst wird eine Feuerstelle mit einem Steinkreis markiert und ein Vorrat an Zundermaterial und Holz angelegt. Mit Feuerstein und Pyrith versucht man nun, Funken zu erzeugen: Beim Reiben der beiden Steine entwickelt der Feuerstein einen typischen Geruch, und durch die Reibung entstehen Feuerfunken. Als Zunder dient trockenes, leicht entzündbares Gras oder Moos. Auf diese Weise ein Feuer zu entfachen, erfordert viel Geschick.

Steinschmaus

Wir veranstalten draußen in der Natur einen »Stein-schmaus« – ein rustikales Ess- und Trinkerlebnis. Lass dir was einfallen!

Mehl mahlen

Auf einen großen, flachen Stein werden Getreide-körner gelegt. Mit einem kleineren Handstein werden die Körner mit etwas Druck allmählich zu Mehl zerrieben. Es braucht dazu etwas Kraft und vor allem Geduld. Wenn genügend Mehl vorhanden ist, kann daraus ein Brot gebacken werden.

Stein-Fladenbrot

500 g Ruchmehl (dunkles Brotmehl)
3 dl (300 ml) Wasser
¼ Teelöffel Salz
Alles mischen, kneten und etwa 1 Stunde ruhen lassen.

Inzwischen wird ein Feuer entfacht. Hat sich reich-lich Glut gebildet, wird ein großer, flacher Stein ins Feuer gelegt und mit Glut gut zugedeckt, damit er sich aufheizt. Ist er heiß genug, wischt man mit einem Ast Glut und Asche weg.

Aus dem Teig werden nun dünne Fladen geformt und auf dem heißen Stein etwa 15 bis 20 Minuten gebacken. In der Hälfte der Zeit werden die Fladen ge-wendet.

Achtung: Steine, die im Feuer liegen, sind sehr heiß. Wer das Brot zuhause im Backofen backen will: bei 220 Grad 10 Minuten backen. Mmh, fertig ist das Steinbrot!

Teil 5

Bevor Tula Tags darauf zu ihrem Waldhaus zurückkehrte, drückte sie dem Hirten noch ihren eigenen Glücksstein in die Hand, den sie viele Jahre mit sich getragen hatte. Ein Stein, blendend weiß mit roten Schlingen und Schleifen, wie er es hier noch nie gesehen hatte. Die alte Frau erklärte: »Dies ist der schönste Buchstein. Da drauf stehen wunderbare Geschichten. Immer neue. So lange du liest. So lange du lebst.«

Sergio machte sich alsbald unermüdlich auf die Suche nach neuen und anderen Buchsteinen. Er hielt die Steine so lange vor seinen Augen, bis aus ihnen die steinernen Zeichen heraufstiegen und die Frauen, Männer, Kinder und Tiere, Feld und Wald, Dörfer und Städte, Gutes und Böses erzählten.

(Yannick, 11)

Fortsetzung Seite 133

Bereits hungrig – doch der Schmaus braucht etwas Zeit: Vom Mahlen der Körner (links oben) über das Kneten und Formen des Teigs (links unten) bis zum Backen der Fladen (oben). Guten Appetit!

Teil 5 (Yannick 11)

Bevor Tula Tags darauf zu ihrem Waldhaus zurückkehrte, drückte sie dem Hirten noch ihren eigenen Glücksstein in die Hand, den sie viele Jahre mit sich getragen hatte. Ein Stein, blendend weiss mit roten Schlingen und Schleifen, wie er es hier noch nie gesehen hatte. Die alte Frau erklärte »Dies ist der schönste Buchstein. Da drauf stehen wunderbare Geschichten. Immer neue. So lange du liest, so lange du lebst.« Sergio macht

Visionen – den Stein ins Rollen bringen

Eine Kultur der Mitbeteiligung

Heute wird erwartet, dass Menschen aktiv, engagiert und selbstverantwortlich handeln. Wer sich am Leben einer Gemeinschaft beteiligen soll und will, muss bereits von klein auf die Gelegenheit bekommen, dies zu lernen. Dazu gehört, sich selbst und die Welt mitzugestalten.

Kinder und Jugendliche sollen mit ihren Ideen, Interessen, Hoffnungen und Ängsten Prozesse in ihrem Lebensumfeld beeinflussen und ihre Lebenswelt mitgestalten können. Sie bringen häufig neue Aspekte und Perspektiven ein und entwickeln oft sogar einfachere Lösungen als erwachsene Fachpersonen.

Wenn Kinder und Jugendliche ihren Alltag mitgestalten können, sind sie sehr engagiert. Wenn ihnen Verantwortung übertragen und Vertrauen geschenkt wird, sind sie zu Höchstleistungen bereit. Zudem entwickeln sie Verständnis für die Situation anderer, tragen Entscheide mit, übernehmen Verantwortung und tragen Sorge zum Erarbeiteten.

Es gibt eine breite Palette an Möglichkeiten, in denen Kinder und Jugendliche mitbestimmen und Verantwortung übernehmen können. In Familie und Schule, in Gemeinden und Städten lassen sich vielseitige Projekte realisieren. Ob gemeinsame Regeln auszuhandeln oder Verantwortliche in der Jugendarbeit zu wählen sind, ob es um die Gestaltung des Wohnumfelds, beispielsweise den Bau eines Spielplatzes oder des Schulareals, geht oder um die Mitarbeit bei Verbesserungen des Schulwegs. Aber auch bei anderen öffentlichen Angelegenheiten im Bereich des Verkehrs, des Wohnungsbaus oder des Umweltschutzes können Jugendliche mitdenken und handeln.

Während eines zeitlich, inhaltlich und räumlich begrenzten Projekts entwickeln Kinder und Jugendliche (eventuell mit Hilfe von Erwachsenen) ihre Vorstellungen. Zur Planung eines Projekts können in sogenannten

Ganz schön abenteuerlich!

Zukunftswerkstätten mit Kindern und Jugendlichen Probleme analysiert, Lösungen und Ideen gesucht und gefunden werden. Fantasie ist hier gefragt. Sprech- und Schweigesteine können Gruppen beim Gespräch unterstützen (siehe Seite 93). Anschließend tragen alle auch zur Verwirklichung bei.

Naturkunstwerke

In der Schule, in Berufs- und Freizeitaktivitäten oder zu Hause bestehen Möglichkeiten zur Mitwirkung an der Gestaltung des Lebensraums.

Ein reizvoller Weg ist, Kunst aus der Natur zu gestalten, da auf diese Weise besonders subtil das Thema der durch den Menschen bestimmten Natur angesprochen werden kann. Unter Einbezug natürlicher Materialien kann man »Akzente« in die Natur- und Kulturlandschaft setzen. Naturkunstwerke können gut auch von Laien initiiert, geplant und durchgeführt werden. Dazu braucht es sowohl systematische Planung wie auch intuitive Prozesse.

Für die Zukunft geschaffene Werke laden über Jahre zum Verweilen ein. Manchmal sind sie auch vergänglich; oft verändern Witterung und Wachstum der verwendeten Materialien das Kunstwerk. So entsteht Dynamik und Prozesshaftigkeit.

Steine haben Zukunft

Was würdest du tun, wenn du mit Stein-Naturkunst deine Umgebung mitgestalten könntest?
– Eine Burg bauen, in der wir uns auch verstecken können. (Tabea, 8)
– Mit allen Kindern des Quartiers einen Treffpunktplatz mit Steinen gestalten. (Deborah, 12)
– Mit Hilfe eines Steinhauers Steine bearbeiten, die entlang der Allee aufgestellt werden. (Raoul, 41)
– Den Gehweg aufreißen und mit den Nachbarn ein großes Steinmosaik in den Belag legen. (Lara, 21)
– Für die Mädchen eine gemütliche Sitz-Steinspirale legen, um auf dem Pausenplatz einen Ort zu haben, an dem wir auch allein sein können. (Maggy, 9)

Gestalten mit Steinen

Steinort

Mit Steinen wird ein einfacher Ort geschaffen, der beispielsweise Geborgenheit und Ästhetik gleichzeitig ermöglicht.

Vor dem Bauen kann mit einer Handskizze festgehalten werden, wie ungefähr die Größe und der Aufbau des Platzes am Schluss aussehen soll. Zuerst wird ein Vorrat an unterschiedlichen Steinen angelegt. Danach wird der Platz gebaut.

Mit einem etwas größeren Planungsaufwand kann auch ein größerer Ort der Begegnung geschaffen werden. Ein solcher Ort, sei es im eigenen Garten oder beim Schulhaus, kann kreativ ausgestaltet sein: ungewöhnliche Sitzgelegenheiten, Nischen zum Ausruhen usw. Der Platz soll verschiedenen Personengruppen zugänglich sein. Nach seiner Fertigstellung wird er mit einem Fest eingeweiht.

Mosaik

Bei Mosaiken entstehen durch Zusammenfügen von verschiedenfarbigen und/oder verschieden geformten Steinen (Naturstein, Glas usw.) Muster oder Bilder.

Mosaike gehörten wegen ihrer Langlebigkeit und der Beständigkeit der Farben in vielen Ländern zum altüberlieferten Kulturgut. Bereits in der Frühzeit erfreuten sich Menschen an den kunstvoll gestalteten Steinbildern. Bis heute haben sie ihren Zauber erhalten, ob an der Wand, am Boden oder als Verzierung auf Gegenständen, auf öffentlichen Plätzen, in Parks oder auf Schulgeländen. Auch heute noch gibt es moderne

Steinorte bauen ist meditativ und macht Spass. Der Fantasie sind keine Grenzen gesetzt.

Moderne Mosaik-
arbeit im Tarotgarten
von Niki de Saint-
Phalle.

Künstlerinnen und Künstler, die sich mit Mosaiken auseinandersetzen. Mit fantastischen modernen Steinbildern
in Parks bezaubern beispielsweise Antonio Gaudí
im Güell-Park in Barcelona oder Niki de Saint-Phalle
im toskanischen Tarotgarten.

Mosaik im Innenbereich

Ein Mosaik für den Innenraum kann mit einer
Sand-Kleister-Mischung (2 Teile Tapetenkleister
auf 3 Teile Sand) oder einer angerührten Gipsmasse
hergestellt werden.

Römisches Mosaik aus dem Musée Romain de Vallon.

Die Mischung wird in eine Form gegossen (z.B. Schuhkartondeckel). Anschließend werden die Mosaiksteine nach vorgegebenen Motiven oder eigenen Entwürfen hineingelegt. Am besten wird das beabsichtigte Muster zuerst probeweise »trocken« gelegt. Nach der Fertigstellung wird das Mosaik mit einem feuchten Lappen gereinigt und an der Luft langsam trocknen gelassen.

Mosaik im Außenbereich

Die Herstellung von Mosaik-Bodenplatten ist zwar aufwendig, begeistert aber Kinder wie Erwachsene.
– Die benötigten Steine (eher kleine und/oder flache) werden bereitgestellt und probeweise in der beabsichtigten Form ausgelegt.
– Aus Dachlatten (mindestens 6 cm dick) wird ein Holzrahmen gebaut, der mit einem starken Bau-Klebeband fixiert wird. Die Form kann je nach Bedarf quadratisch, rechteckig oder sechseckig sein. Die folgenden Rezepte gehen von einer Fläche von rund 900 Quadratzentimetern aus.
– In den auf einem Brett liegenden Holzrahmen wird zuerst eine Grundplatte gegossen.

Für die folgenden Mischungen nimmt man am besten eine 500-g-Konservenbüchse als Maßeinheit.

1) Grundplatte (3–4 cm dick)
Mischung:
– 5 Büchsen Sand
– 2 Handvoll kleine Kieselsteine oder grober Sand
– 2 Büchsen Zement
– ca. 1 Büchse Wasser
Alles vermischen (die Mischung muss eher trocken sein) und damit die Grundplatte gießen. Mit einem Brett und Hammer verdichten.

Ein selbst hergestelltes Steinbild.

Das Steinmuster wird probeweise im Voraus ausgelegt.

Der Sandzement wird auf die Grundplatte aufgetragen.

Dann werden die Mosaiksteine hineingelegt.

Für einen besseren Zusammenhalt wird ein Stück Maschendrahtzaun (1–3-cm-Gitter) darübergelegt.

Nach der Verfestigung (beim Darüberstreichen darf kein Wasser mehr austreten, dieses allenfalls mit einem Lappen von der Grundplatte abwischen) wird eine Schicht »Sandzement« darübergegossen.

2) »Sandzement« (1–2 cm dick)
Mischung (Verhältnis 1:1):
– 1½–2 Büchsen gesiebter Sand
– 1½–2 Büchsen Zement

Unter ständigem Rühren Wasser (ca. ½–¾ Büchse) hinzufügen, bis eine weiche, nicht zu flüssige Masse entstanden ist. Diese auf die Grundplatte gießen und glattstreichen.

Nun werden die Mosaiksteine in die »Sandzement«-Mischung gedrückt. Die Steine müssen zu mindestens zwei Dritteln im Sandzement stecken. Es macht nichts, wenn einige Steine zu tief liegen, sie werden später wieder ausgewaschen. Die Platte nach dem Fertiglegen 2 Stunden stehen lassen, damit sie sich verfestigen kann. Nun wird der Zement mit Wasser und einem Spül-

Alle Steine werden gleich tief in die Sandzementschicht gedrückt.

Ein heimeliger Steinplatz ist entstanden.

bürstchen ausgewaschen, so dass die Steine wieder zum Vorschein kommen. Danach lässt man die Bodenplatte 24 Stunden langsam austrocknen. Nun können die Dachlatten entfernt werden.

Steinspirale

Eine Spirale ist eine Kurvenlinie, die um einen zentralen Punkt verläuft und je nach Laufrichtung sich immer weiter von diesem entfernt oder sich diesem annähert.

Die Spirale symbolisiert Entwicklung. Spiralen finden sich als Sinnbild an vielen Orten, vor allem auch in der Kunst, wieder. Früher wurden sie in Felswände geritzt oder als Mosaik in Bodenbeläge eingebaut. Auch viele Pflanzen weisen in ihrem Bauplan spiralige Strukturen auf. Beliebt sind heute auch Kräuter-Steinspiralen für den Garten.

Spiralen können mit Steinen in unterschiedlicher Art und Weise als einfache Spiralen oder Doppelspiralen gebaut werden. Nachdem ein geeigneter Ort für den Bau der Spirale gefunden wurde, werden die zuvor

Entwurf für eine Steinspirale.

und dabei über die eigene Entwicklung sinnieren. Gehen wir von Stein zu Stein, können wir uns von der Spirale nach außen in einen immer größeren Kreis ziehen lassen. Die nach außen führende Richtung lässt uns die Fülle des Seins und der Entwicklungsmöglichkeiten bewusst werden; dies kann unser Bewusstsein für die Zukunft stärken. Wenn wir die Spirale von außen nach innen gehen, lassen wir uns in die Vergangenheit ziehen, ins Innerste zum Ursprung und zur Stille.

Steingarten

Manchmal haben wir Lust, eine Landschaft zu verändern: Eine Betonlandschaft soll zu einem kleinen Gartenparadies, ein langweiliger Garten zu einem anregenden Ort zum Verweilen, ein Platz auf dem Schulhausareal zu einem fantasievollen Garten werden.

Steine werden nach Farben und Formen zu Strukturen gelegt. Zu einem Steingarten gehören Stein- oder Kiesflächen und Trockenmauern; auch Sitzsteine dürfen nicht fehlen. Einzelne Pflanzen kommen auf eine

bereitgestellten Steine gesetzt. Zuerst ist zu entscheiden, wo der Ursprungsstein der Spirale gelegt wird. In dieser Mitte beginnt alles, sie repräsentiert sozusagen den Nabel der Welt. Eine Spirale lässt sich in relativ kurzer Zeit anlegen oder aber bewusst Stunden oder als ritueller Prozess sogar Tage beanspruchen.

Eine groß angelegte Spirale kann begangen werden oder als lauschiger Platz mit Symbolkraft dienen. Man kann sich an einem bestimmten Platz darin niederlassen

Kräuterspiralen im Haus- oder Schulgarten sind beliebt.

Ein lichter Steingarten in einem Innenhof.

Skulpturen

Steinbildhauerinnen und Steinmetze bearbeiten Naturstein zu verschiedensten Formen, zu Brunnen, Denkmälern, Grabsteinen, Figuren und freien Gestaltungen. Sie schaffen Kunstwerke, die für lange Zeit geschaffen sind. Sie lassen sich von Farbe, Form und Struktur

Etwas Übung erfordert die Bearbeitung mit Meißel und Hammer.

ganz besondere Art zur Geltung. Es ist sehr ansprechend, wenn ein Weg durch den Steingarten führt. Steingärten lassen sich fantasievoll gestalten; sie bieten ein ganz spezielles lichtdurchflutetes Ambiente.

Ein japanischer Zengarten besteht lediglich aus Kies, Steinen und Felsbrocken. Ursprünglich sollte er zum Meditieren dienen. Ein solcher Garten steht symbolisch für den menschlichen Geist in seinem Idealzustand und soll den Blick für das Wesentliche und Schöne öffnen. Die Arbeit im Garten soll die Konzentration fördern und die Kreativität anregen. Das Rechen dieser Steingärten wird zur Meditation eingesetzt.

Von geübter Hand entstehen wundervolle Kunstwerke.

Eine Steinskulptur mitten im Wald.

Steintürme, mit Geschick aufgebaut.

des Natursteins inspirieren. Die Idee halten sie in Skizzen fest. Werkzeichnungen oder Modelle dienen ihnen als Vorlage. Mit Hammer und Meißel, Schlageisen, Spitzeisen und Handfäustel formen sie dann den Stein. Für die Grobbearbeitung des Steins setzen sie manchmal auch moderne Maschinen ein: Steinfräsmaschinen, Trennscheiben oder Schleifmaschinen.

Mit Unterstützung von Berufsleuten kann es auch Ungeübten gelingen, ein eigenes Steinkunstwerk zu schaffen. Schon manche haben ihr Talent und ihre Leidenschaft bei ersten Versuchen entdeckt.

Stein auf Stein

Mit unterschiedlich großen Steinen wird ein Steinturm gebaut. Ein großer Stein bildet das solide Fundament. Jeder weitere Stein wird so platziert, bis er von selbst sitzt und ins Gleichgewicht des ganzen Turms passt. Am stabilsten wird der Turm, wenn die Steine nach oben immer kleiner werden.

Da die Steintürme zusammenfallen können, ist es wichtig, feste Schuhe zu tragen, in denen die Füße gut geschützt sind; auch wird der Turm immer so gebaut,

Bunte Steintürme als Markierung.

dass er beim Zusammenfallen andere Personen nicht gefährdet.

Steintürmebauen macht nicht nur einfach Spass, sondern schult auch Geduld und Konzentrationsfähigkeit. Man kommt dabei zur Ruhe.

Sehr wirkungsvoll sind auch mehrere Steintürme am selben Ort. Orte mit Steintürmen wirken anziehend und lassen Besucher oft staunend verweilen.

Geschichten

Teil 6

Die Buchsteine wurden nun zu seinem Zeitvertreib und seiner Leidenschaft. Besonders die weiß geäderten Steine hatten es ihm angetan. Hier konnte er die faszinierendsten Geschichten lesen. Nimmer wurde es ihm mehr langweilig.

Der Ruf des spannenden Geschichtenerzählers verbreitete sich bald im ganzen Tal. Ab und zu suchten ihn nun Fremde auf, die seinen Geschichten lauschen wollten. Das Geheimnis, woher die Buchsteine stammten, verriet er viele Jahre niemandem.

Bisweilen wollten die Besucher wissen, ob auch etwas von ihrer Gesundheit oder ihren Kindern in den Steinen stünde. Dann prüfte Sergio die Zeichen gewissenhaft, und es kam vor, dass sie wirklich ein paar Sätze über das Leben der Lauschenden enthielten.

Nur die drei Falken waren in das Geheimnis eingeweiht. Sie lebten nach dem Tod von Tula nun bei ihm. Bisweilen halfen sie ihm und fingen Wildhasen und Feldmäuse, oder sie warnten ihn, wenn Wölfe seine Schafherde angreifen wollten.

Seit dieser Zeit gibt es immer wieder Hirten, die fantastische Geschichtenerzähler sind.

(Leandra, 12)

Idee angelehnt an eine Geschichte aus dem Buch »Das verborgene Wort« von Ulla Hahn

Glücksbringer

Steinerne Amulette sollen Schutz und Glück bringen. In verschiedenen Kulturen wurden Steinen früher sogar Zauberkräfte zugeschrieben. Aus den Zaubersteinen wurden Heilmittel gewonnen, die stärkend und verjüngend wirken und Wünsche erfüllen sollten.

Glückssteine als Geschenke wirken Wunder.

Die Kerzen auf dem Schalenstein symbolisieren Wünsche.

Wir suchen einen oder mehrere Steine, die uns ansprechen. Besonders gut geeignet sind Steine mit einem Loch. Als Glücksbringer können die Steine in der Hosentasche, an einem Lederband um den Hals getragen oder in einem Beutel (Leder, Stoff, Filz) mitgetragen werden. Sorgfältig aufbewahrt, versprechen die Steine eine glückliche Zukunft.

Zu Glücksbringer-Steinen, die verschenkt werden, kann man eine Karte mit einem Wunsch legen: »Dieser Stein soll dich …«, »Mit diesem Stein kannst du …« Der Stein kann beispielsweise in Naturmaterialien eingepackt verschenkt werden.

Druidensteine

Schalensteine sind Steine, in die Menschen in Urzeiten meistens kreisrunde, manchmal auch ovale Vertiefungen in der Größe von Schälchen eingearbeitet haben. Sie sind in ganz Europa zu finden. Im Volksmund werden sie auch Druiden-, Feen- oder Hexensteine genannt. Man nimmt an, dass die Schalen oft als Opfergefäße für kultische Handlungen benutzt wurden. Es ist aber auch möglich, dass sie als Behälter für Lichtbrennstoffe, als Feuerbohrstellen oder als Mörser zum Zerstoßen von Mahlgut dienten.

Ein Besuch bei einem Schalenstein ist immer eindrücklich. Er gibt uns Einblicke in die Vergangenheit und kann in die Zukunft weisen. Der Jahreswechsel eignet sich besonders für einen Besuch bei einem Schalenstein. In die Schälchen legt jede Person der Reihe nach ein Teelicht und zündet es an.

Welches Thema des vergangenen Jahres will ich hinter mir lassen? Welchen Wunsch habe ich für das kommende Jahr?

Literatur

Baum, Heike, Bücken, Hajo: Kiesel Schotter Hinkelstein.
Geschichten und Spielereien rund um Steine, Oekotopia Verlag,
Münster 1995

Blumenschein, Annette, Ehlers, Ingrid Ute: Der Pippi-Langstrumpf-
Faktor, Murmann Verlag, Hamburg 2004

Boy, J., Dudenk, C., Kuschel, S.: Projektmanagement, GABAL,
Offenbach 1994

Buschey, Monika: Rosenquarz, Coopenrath, Münster 2004

Coenraads, Robert R.: Welt der Steine. Wissen neu erleben (Reich
bebildertes Sachbuch für Erwachsene), BLV, München 2005

Crummenerl, Rainer: Steine und Mineralien. Das will ich wissen
(Sachgeschichten für Erstleser), Arena Verlag, Würzburg 2004

Dombrowsky, Ursula: Wenn Steine erzählen. Begegnungen mit
Heilsteinen für kleine und große Kinder, Neue Erde,
Saarbrücken 2004

Farndon, John: Steine und Mineralien, Dorling Kindersley Verlag,
Starnberg 2006

Grüttner, Dorothea, Werde, Ursula: Lernangebot: Steine, Klett,
Leipzig 1996

Güthler, Andreas, Lacher, Kathrin: Naturwerkstatt Landart. Ideen
für kleine und große Naturkünstler, AT Verlag, Baden 2005

Hähnel, Walter: Mineralien und Gesteine. Was ist was? Tesslof Verlag,
Nürnberg 1994

Heinz, Sabine: Symbole der Kelten, Schirner Verlag, Darmstadt 1997

Heitzmann, Peter, Auf der Maur, Franz: Gesteine bestimmen und
verstehen. Ein Führer durch die Schweiz, Birkhäuser, Basel 1998
(vergriffen)

Heyduck-Huth, Hilde: Tanzen können auch die Steine, Atlantis
Verlag Pro Juventute, Zürich 2001

Jaun, Thomas: Angst vor Kindern? Die Notwendigkeit der Kinder-
partizipation und Wege dazu, Berner Lehrmittel- und Medien-
verlag, Bern 2001

Korsukéwitz, Sabine: Die Weisheit der Steine. Faszinierende Wegbegleiter der Menschen, Hugendubel, Kreuzlingen/München
2003

Kühni, Werner, von Holst, Walter: Taschenlexikon der Heilsteine,
AT Verlag, Baden 2004

Labhart, Toni P.: Geologie der Schweiz, Ott Verlag, Thun 1993

Morgan, Ben: Steine und Fossilien. Beobachten und experimentieren.
Naturforscher, Dorling Kindersley, London/New York 2006

Nöllke, Mattias: Kreativitätstechniken, Haufe Verlag, München 2004

Pokras, Sandy: Systematische Problemlösung und Entscheidungs-
findung, manager editor, Ueberreuter, Wien 1995

Rhyner, Thomas, Zumwald, Bea: Coole Mädchen – starke Jungs.
Ratgeber für eine geschlechterspezifische Pädagogik, Haupt
Verlag, Bern/Wien/Stuttgart 2002

Rudolph, Frank: Strandsteine. Sammeln und bestimmen, Wachholtz
2007

Schumann, Walter: Steine- und Mineralienführer, BLV, München
2007

Scherer, Iiri: IdeenBox, Sauerländer Verlag, Aarau 2003

Sun Bear und Wabun: Das Medizinrad. Eine Astrologie der Erde,
Goldmann Verlag, München 2005

Vorwerk, Gabriele (Hg.): Sach- und Machbuch, AOL Verlag,
Lichtenau 2000

Wissler, Mariana, Zindler, Kathrin: Die Steinwerkstatt, Verlag an
der Ruhr, Mülheim 1999

Wolk-Gerche, Angelika: Mach was mit Steinen, Verlag Freies
Geistesleben, Stuttgart 2001

Zett, Luis: Das Buch der Steine. Die Verbindung zur Erde. Rituale,
Übungen, Lieder. Heyne Verlag, München 1994

www.edelsteinaktion.de/material/downl01.html (Bausteine zur
Gestaltung eines Wortgottesdienstes)

www.brainstore.com, Ideenfabrik

www.ideenbuero.ch

Erlebniswelten Steine

www.aoeza.de, Steinzeitpark, D-Albersdorf
www.heimathaus-Schärding.at, Granitmuseum, A-Schärding
www.graphite.de, Graphit Kropfmühl AG, D-Hauzenberg
www.erlebnis-geologie.ch
www.sandsteinmuseum.de, Baumberger-Sandstein-Museum
D-Havixbeck
www.steinzeichen.de
www.naturpark-hassberge.de, u.a. Geologie
www.blockheide.at, Granit und Mythologie
www.geo-naturpark.net, geotope und geokids
www.eccoterra.ch, Fun, Kultur, Camps, Experimente mit Lehm
und Farben
www.lenaia.ch: Erlebnisprojekte zur Steinzeit
www.village-lacustre.ch, Steinzeitdorf

Bezugsquellen

Schleifmittel: www.ottoeigner.de
Steinschleifkurse, Strahlertouren, Geologische Führungen:
Urs Brendle, Ittigen, Schweiz, +41(0)031 921 78 57

Bildnachweis

Autorin

Andrea Frommherz

Heilpädagogin, Umweltberaterin und Ausbildnerin, seit Jahren in verschiedenen Bereichen der Bildungs- und Beratungsarbeit tätig. Seit 1992 erteilt sie Kurse für Kinder, Jugendliche und Familien. Zudem entwickelt sie im Bereich der Umweltpädagogik Kurskonzepte und ist in der LehrerInnenfortbildung tätig.

Fachliche Mitarbeit

Pädagogik: Christiane Daepp, Beatrice Möri, Susanne Angst

Geologie: Andreas Möri, Heiner Uehlinger, Patrick Weyeneth